5 Pasos Para La Felicidad

Cambia Decide Evoluciona

3ª Edición

Lunes 3 de Enero 2022 11:45 a.m.

Doctor: ¿Ha sido usted golpeado en el riñón derecho?

Paciente: No

Doctor: ¿Se aguanta las ganas de orinar?

Paciente: casi no

Resultado: hacerse una radiografía en ambos riñones

Cead/Texmelucan   Carlos Saavedra Oropeza MI 1.2   IIs 0.5 C-1.5
05/01/22 05:37:08 p.m. ADM 55680, Edad 43   Riñón

Cuando me dieron el resultado no negare la sensación que se siente es realmente terrible, en esos momentos vi a mi esposa y la primer pregunta es ¿Por qué a mí? El mundo en esos momentos sentí que me aplastaba, todos mis sueños y las cosas que tenía planeadas las vi irse para no regresar, los pocos que me vieron en ese estado lloraron conmigo

7 de Julio 2022

(Fecha Aproximada)

D.E.P.

Christian Enrique Ávila Loaiza

24/07/1977   07/07/2022

Cuando me entere de su padecimiento no pude ayudarle como hubiera querido, en esos momentos tenia aun en manos cierto problema que estaba resolviendo…

Cáncer de rodilla…

21 de Febrero 2023

(Fecha Aproximada)

Jesús Martínez Valiente

D.E.P.

El último video de estado de Whatsapp fue justamente a unas horas antes del suceso, en su rostro se veía la desesperanza, durante el tiempo que compartí mensajes siempre trate de ayudarle regalándole una consulta, sin lograr resultado favorable de su parte

No pude hacer nada para ayudarle a recuperar su salud, simplemente se dejó morir, prácticamente lo vi morir frente a mis ojos

Afectación en ambos riñones y padecimiento de cirrosis en el hígado persona diagnosticada no alcohólica…

Desde ese diagnóstico un 05/01/2022 prácticamente he enterrado en total a unas 6 personas con padecimientos parecidos al mío.

Nunca ha faltado la persona que me ha dicho que mi afectación solo fue pasajera, momentánea y simple, el diagnostico mencionó que ya tenía una tumoración en el riñón izquierdo de unos 10 centímetros.

¿Qué realmente fue lo que cambio en mi caso a las demás personas?

Quizá fue un mes de octubre de hace más de 6 años que decidí dar **5 Pasos Para La Felicidad**, durante ese lapso de tiempo vi la muerte frente a frente por varias ocasiones, tres por parte mía, una depresión por parte de una de mis hijas que la llevaron al hospital en estado crítico, mi otra hija viviendo la vida al límite que la llevaron a que le cometieran abusos a nivel penal, y a mi esposa recuperarle de una diabetes a punto de diálisis

No diré que dar estos 5 pasos ha sido fácil, renuncie a cosas y personas, he cambiado de trabajo y retome mis estudios, deje de hablarles a muchas personas, llore hasta que me quede sin lágrimas, he perdonado y he pedido perdón, en total he hecho cambios en mi manera de pensar, de hacer y de vivir, todo ello con un solo afán

Vivir

Con dedicación especial

Gracias a usted que compro este libro o alguien más se lo ha obsequiado, ya que aquí están narradas mis vivencias y nada serian sin un espectador para entender que todo cambio inicia con uno mismo, que toda palabra seria ahogada sin alguien más que las escuche, que este libro tiene un porque para enseñar a un cómo, gracias por darse el tiempo de iniciar esta lectura, por darse el tiempo para cambiar al igual que yo hace muchos años en un estado de dolor decidí hacerlo, gracias a todas aquellas personas que han estado en mi vida así como aquellas que por cuestiones de diferentes índole se han marchado de la misma

Gracias a todas ellas así como a usted por ser parte ahora de mi vida, por dejarme que con esta narración le ayude a mejorar así como todos aquellos antes de mí que me ayudaron a encontrar un camino y ahora ser parte de ese camino que ayude a los demás a ser un pequeño ejemplo de vida, tratare en estas líneas escribir y detallar toda aquella enseñanza que con años y horas de clase he aprendido para narrarle con gran detalle como fui logrando un cambio

Quiero que usted evite un camino que si bien si tiene una salida la elección resulta en muchas ocasiones más que difícil, elegir un camino por muy fácil que parezca resulta por demás algo complicado, quiero compartirle aquel conocimiento que he encontrado y comprendido en horas y horas de clases, ayudarle en aquel camino que nadie nos ha explicado y descubrirle el porqué de sus decisiones

Gracias a mi familia que también es parte de esta historia, que son parte de mis logros y esfuerzos a los Coach por toda aquella enseñanza que he tomado y narrare aquí gracias a todos aquellos que se mostraron como enemigos en una vida que tengo la enorme fortuna de decir que es mía…

Mensaje especial

Hace más de seis años que inicie un camino que culmina en la primer parte de este libro, en esos incontables días busque muchas respuestas que intuía estaban ahí, es en estas primeras líneas que le pido una mente totalmente abierta para entender y comprender lo aquí narrado, algunas de ellas le parecerán exageradas y otras muy simples, siendo cual sea el caso todas esas vivencias han formado un todo, en algunos párrafos quizá parecerán que fueron escritas en un estado de locura pero ¿Acaso no estamos todos impregnados de locura? Cada dato aquí mencionado, cada palabra o algún dicho me enseñaron a encontrar aquello que todos buscamos "La Felicidad" quiero que entienda que el ser humano por naturaleza busca encontrar aquello que lo llenará o por lo menos le dará alguna tranquilidad, no hay trabajo fácil ya sea porque ha perdido a un ser amado y está pasando un duelo o por alguna relación rota, un divorcio o soltería

Ninguna fórmula por muy detallada que encuentre lo llevara a un estado de plenitud si uno mismo no está dispuesto a luchar por ello, pero sería más difícil si tampoco encontrara una, pero ¿Por qué escribir este libro si ya hay muchos más de el mismo tema? Es cierto hay muchos más y con diferente vocabulario he incluso con trayectoria de sobra, pero le diré algo, en ninguno de ellos encontré reunida gran cantidad de temas, es cierto que para ganar hay que perder y quien no pierde nunca tampoco gana nunca

En aquellos hombres de gran sabiduría algo faltaba que aquí encontrara, la entrada a cada puerta del infierno y el cómo fui saliendo también de cada una de ellas, hacerle una narrativa de cada situación muchas veces no es fácil, pues como platicar de ciertos temas sin haberlos vivido, aquí podrá sentirse como en casa, ya sea que se identifique por algún suceso en especial o porque alguien más lo vivió, espero que con mi vida o mis vivencias usted encuentre paz o calma, si es así he cumplido mi misión

Quiero pedirle que entienda que usted jamás llegara a algún destino sin dar el primer paso, ese primer paso para lo que sea que quiera es necesario para lograr aquello, así en este libro, yo puedo explicarle el cómo funcionan ciertos temas pero si usted mismo está empeñado a seguir en el mismo sitio para mi es imposible ayudarle a lograr alguna meta, dar un ejemplo de logro es difícil cuando apenas se están logrando estas metas, pero créame que todo lo aquí escrito es real, y lo peor para mi es servir de ejemplo en este camino ya que si yo llegara a fallar ¿en quién más se apoyarían esas personas que en este momento me están tomando de ejemplo para salir de donde están?

Quiero realmente que usted logre el éxito, que realmente trabaje desde su trinchera y le demuestre a los demás su capacidad de superación, así como espero un día encontrármelo y me diga que lo ha logrado, si, que ha logrado todo aquello en que se ha propuesto ser un ganador, ser el primer ganador de su familia, de su localidad o de su ciudad, pero también quiero que entienda que solo un pequeño porcentaje de todos aquellos que estudien estas líneas lograran poner en práctica el método aquí escrito, y no es porque no crea en usted, he comprendido que aquellos que lo están y lo han logrado son los mismos que en algún momento de sus vidas lo han perdido todo y es el mismo infierno que les ha impulsado a salir de ahí

Después de leer estas narrativas vera y comprenderá una mejor manera de cómo está constituido este mundo, lo que realmente quiero que usted así como yo, tenemos que despertar para generar un mejor cambio tanto para nosotros como para nuestro planeta, vivimos en un mundo donde la información abunda eso es correcto, pero no toda la información es veras como lo ha notado en algunos medios informáticos, ellos son parte de un pequeño grupo de gente que han estado manipulando la verdad para que usted jamás logre o alcance la libertad mental, una que lo haga total y plenamente feliz, sin más que agregar le deseo un cambio pleno, en este punto de nuestra historia como humanidad donde la verdad está más que rebelada por personas como yo que estamos haciendo posible por ayudar

¡AGAMOS EL CAMBIO!

Introducción

Si se ha preguntado ¿porque el 5% de la población tiene prácticamente todas las riquezas del mundo? déjeme felicitarlo por estar hoy aquí, trataremos de aquellas cosas que ellos entendieron muchísimo antes que nosotros, a través de estas líneas lo iré llevando el cómo cada día más y más personas pueden encontrar el éxito, algunas con más esfuerzo que otras, estas y otras preguntas cruzaron por mi mente incontables ocasiones sin encontrar respuestas

Por qué personas como Bill Gates, Mark Zuckerberg, Steve Jobs, entre muchos más hicieron fortunas tan grandes, ¿me creería que usted es capaz de lograr también el éxito? Primero quiero que entienda que ningún camino es fácil, todo aquello requiere trabajo, y más si algunos de nosotros venimos desde casas humildes parecería imposible tal travesía, quizá esa fue la razón por la que busqué respuestas, casos como el grupo Mana entre muchos otros artistas demostraron que el logro del éxito es más que probable, pero se preguntara cual es la base de todo ello

Preguntas que atormentaron por años mis pensamientos llenándome de dudas y miserias, pero que gracias a esas preguntas fui encontrando respuestas y resultados eficaces y que puse a prueba cada una de ellas, ¡si, el típico prueba y error! Hoy le puedo decir que todo lo aquí escrito es una realidad, que usted puede preguntarse el cómo de cada situación en la que vive hoy y el universo le ha respondido, ya sea en minutos, horas o quizá días

Usted debe entender que esto que le estoy por revelar es aquello a lo que pocas personas tenían acceso, vivimos en un mundo de cambios y trasformaciones, ya sea espiritual emocional o físico, es cierto que se necesita de todo tipo de gentes, desde un albañil hasta un doctor, pero cada uno de ellos debe de existir con un solo compromiso al igual que nosotros, servirnos el uno al otro

Seria egoísta pensar que solo unos cuantos tienen el derecho a la felicidad, puede creerme que incluso un helado puede crearla, si tiene de más ¡felicidades! Si tiene de menos pues igual ¡felicidades! Sea cual sea su caso todos buscamos ese algo más para sentirnos total y completamente felices, ¿pero que es la felicidad en sí? ¿Un estado emocional? ¿Un estado físico? O simplemente algo que los medio de comunicación nos han metido a base de repetir y repetir

El éxito puede ser engañoso si usted así lo toma, que si logra una hermosa esposa, que si logra un buen trabajo, que si logra un coche, que si logra la casa deseada, que si logra esto o que si logra lo otro, sea cual sea su éxito sepa que usted tiene la razón, de lo que aquí trataremos es justamente eso, que usted siempre ha tenido la razón, aquí no estamos para contradecirlo al contrario estamos para reafirmar cada idea con la que ha vivido hasta este día, sea esta buena o mala sea feliz o no usted siempre ha tenido la razón

¿Es eso lo que buscaba cierto? ¿Qué hubiera alguien que se lo confirmara? De eso usted tendrá que darse cuenta, y solo usted podrá confirmarlo si ha tenido o no la verdad, solo dese el tiempo de analizar sus logros y sus ideas, si es el resultado que ha estado buscando o no, yo solo le revelare como esos hombres lograron desde la nada empresas que hoy son llamadas pequeñas ciudades o como google o Amazon que gobiernan y manipulan cantidades enormes de información, aquello que usted busca pero no encontraba, si, las respuestas a cómo lograr en 5 pasos la felicidad

Entienda que todo es lograble, lamentablemente fuimos educados en un mundo donde a través de repetición nos enseñaron y según ellos nos prepararon a un mundo en el que muchas cosas no son lo que parecen, pero como dijo un coach, el mapa no es el territorio, en consecuencia la gente responde al mapa de la realidad y no a la realidad misma, una frase que más adelante le rebelare a que se refiere para que usted logre todo aquello que le puede dar la felicidad

Sea como sea quiero que termine de entender por qué le he dicho que usted tiene la razón, para que sabiendo esto comprenda que todo aquello lo puede tener y en eso tendrá que aprender a tener, confirmar, creer y afirmar que usted puede lograrlo desde donde usted esta y con los recursos que tiene, ya que ellos son el resultado de su pasado y que el presente es lo que usted ha decidido hacer de aquí en adelante

Como sanar la mente

Aquí en esta primera lección te explicare aquellos secretos que por siglos estuvieron escondidos para los demás, me gustaría empezar por muchas cosas que sin duda te volaran la cabeza de tanta información que voy a compartir contigo, tenga en cuenta que esta información está disponible en la red eso es cierto, pero más de la mitad de ella está en cursos muy caros, sé que usted podrá pagarlos no tengo duda de ello pero para que pueda lograr aquel cambio de mentalidad iniciaremos primero a sanar desde donde esta aquel daño, si gusta hacerlo bajo sus propios medios adelante ¿pero sabría dónde buscar? ¿Sabría cómo saber qué curso es el correcto entre los tantos que hay?

¡Exacto! Esa fue la tarea encomendada que yo tuve que hacer, ver y leer cuanto curso pude tomar y pagar para decirte y revelarte el secreto mejor guardado por unos cuantos que sin duda trataron de esconder muy bien pero eso es imposible la verdad ni se puede ocultar ni se puede esconder, no todos los cursos están destinados para el mismo tipo de personas eso lo note muy bien, algunos dirán yo cobro esto porque lo valgo, no quiero cuestionarlos en ello, solo note un detalle erróneo ¿Por qué buscar que personas de éxito tengan más éxito? Donde están aquellos que en su pobreza quieren lo mismo ¿acaso no todos tenemos los mismos derechos?

Te contare como inicio este viaje de sanación hace más de 6 años, para que puedas entender mejor también te iré platicando un poco de mi vida, quizá en realidad 5 pasos a la felicidad inicio hace más de 35 años, en el que un día en la vecindad donde habitaba con mi mama un hermano y yo, en el departamento de enfrente ahí estaba prácticamente el matrimonio perfecto, deja decirte que yo provengo de una familia humilde y desarticulada, con una mamá soltera que con sus pequeñas cualidades logro darnos lo mejor que quiso, ya que quizá pudo darnos de más o de sobra pero esa es otra historia

Aún recuerdo bien mis pensamientos, si en mi mente, (cuando sea grande quiero tener una familia así) lo cual era más que improbable que pasara ya que provengo de un pueblito en el estado de Puebla, México. Hoy puedo decir agradecido que tengo esa esposa hermosa y de otra posición económica, con dos bellas hijas y lo mejor de todo para que veas que esto es real que nunca fui en busca de ella

Ella fue la que vino hacia mí, en este pequeño relato están varias de las normas cuánticas, pedir y saber cómo pedir, quizá tu pasaste algo similar y te estas identificando con ello pero, te preguntas ¿cómo se hace? ¿Cómo fue que la vida un día lunes del 2000 en la primera semana de enero me presentaba en el trabajo a la ahora mi única y actual esposa? Es curiosa esta historia si tomamos los hechos que anteriormente se estuvieron fraguando

Después de casarme con mí ahora esposa tuvimos quizá más de 20 años amargos que por la razón que fuera parecían jamás terminar, situaciones malas que una tras otra hiciéramos lo que hiciéramos se mantenían en una constante de miseria y perdidas económicas, y me preguntaras ¿Por qué no hacías nada al respecto? Es simple la respuesta, aun con todo aquello estaba en mi zona de confort, aquí te contare a que significa zona de confort con un relato divertido…

Era aquí un velador que cuidaba cierto negocio, y su acompañante de noche era nada menos que un perrito, que por cosa que fuera todas las noches el perro se ponía a aullar ¡ahuuuuuu! Todas las noches.

Era claro que los vecinos se empezaban a hartar de ello y así grupo tras grupo empezaron a ver qué pasaba ahí, así que los primeros estaban en la puerta (toc toc)

(Velador) ¿Si digan?
(Vecinos) oiga venimos a ver a ese pobre perrito que aúlla en las noches y queremos saber que tiene traemos croquetas por si tiene hambre
(Velador) ¡Ha eso! Nada ese perro no tiene nada así es vean tiene comida de sobra

Así pasaron unos días y el perrito por las noches seguía igual,

(Segundo grupo de vecinos) (toc toc)
(Velador) ¿Si digan?
(Vecinos) que tal buenas noches, pues perdón por la molestia pero

venimos a ver que tiene ese perrito ¿está enfermo? Aquí viene un veterinario para verificar, traemos medicamentos

 (Velador) a eso, no el perro no tiene nada vean esta joven y con buena salud, así es el perro nada tiene

Más la situación igual las noches siguientes, ¡ahuuuuu! Lloraba el perrito

(toc toc) (Nuevos vecinos)

(Velador) ¿Sí?
(Vecinos) oiga pues aquí viene los de protector de animales que ese perrito no nos deja dormir y vienen a ver si está bien

Fue hasta ese momento que el velador cansado toma la decisión de explicarles que era lo que cada noche pasaba, si pasen ese perro nada tiene así es, lo que pasa que a la hora de acostarse en su cama hay un clavo que sobre sale y por eso aúlla, es claro que le duele pero no lo suficiente como para cambiarse de lugar...

Espero que con este relato entiendas un poco a que es lo que me refiero, la mente es tan cómoda que es feliz en su zona de confort, a que me refiero, que puedes vivir en cualquier situación y por muy mala que parezca ese algo en tu mente te dice, tranquilo esto es lo que tienes y mereces, para que luchar por más, si has visto las noticias que cierta chica fue violentada en su matrimonio hasta morir pues ahí está la zona de confort, ¿conoces la historia de la rana en agua?

Según se dice que si pones una rana en agua y esta la pones a hervir la ranita se quedara ahí hasta morir ¿Por qué? Porque ella se estará acostumbrando a ella lentamente y nada hará para cambiar esa situación aun cuando muera, pero que pasa si pones a calentar agua y pones la rana, ahí es diferente ya que la misma en su afán por salvar su vida saltara. Ejemplos así hay muchos, los puedes encontrar donde sea, esposas violentadas, hijos maltratados, esposos golpeados, gente pobre, humanos drogados, carteles mafias y mil cosas más, aquí no es de extrañar porque el mundo está prácticamente de cabeza, mucha es nuestra culpa y mucha no, países haciéndose guerra vecino contra vecino hermano contra hermano y muchas situaciones similares pasando todos los días

Sociológicamente donde naces es lo que haces, tienes un padre alcohólico hijo de alcohólico, cuantas veces has escuchado la terminología de romper el ciclo, ¿Qué es el ciclo? Esto funciona en todo, (Estimulo – Pensar – Imágenes – Bioquímica – Adicción – Acción y volvemos de acción a pensar y de ahí el siclo siempre parece interminable) es aquí a donde nos referimos estamos en nuestra zona de confort que esa vida que nuestros padres nos dieron nos parecen normales, ya que así programaron nuestra mente, donde vives es donde debes estar, no hay nada más mentira que justamente esa, se dónde naces, pero donde tú decides estar esa es tu elección pero me preguntaras ¿y aquellos que lo están logrando como rompieron aquel ciclo? De hecho no lo hicieron ellos por si solos, aquí pondremos un ejemplo más claro, fue la vida misma quien los saco de su zona de confort, ¿Cómo? con personas toxicas en su camino que nos ha desquiciado a tal grado que esa fue nuestra única salida, romper ese ciclo atreves del efecto tiburón (otra razón y quizá la más poderosa es que somos seres que buscamos la aprobación de los demás, más específicamente de nuestros padres) (a esto se le llama línea transgeneracional)

Aquí además de los ejemplos ya dichos tengo que traer uno más y doloroso en nuestra historia humana, ¿recuerda la peste negra? Desafortunadamente en ese lapso, así era, donde nacías era a lo que estabas destinado a ser, si tu papá era panadero esa seria tu vida, lamentablemente en este lapso de historia aquellas muertes fueron pilares para los cambios que hoy se dieron, ¿Cómo? con tanta cantidad de decesos las bacantes fueron notorias, la mano de obra fue valorada y toda aquella persona que quisiera migrar de un oficio a otro ya pudo lograrlo, afortunadamente eso ya es pasado y tú decides como ser y cuando ser sin la necesidad de que personas mueran para lograr aquellos objetivos, solo que muchas ideas están limitando tu cambioy es hora de salir y romper cada candado para dar esos pasos que te llevaran a aun nuevo destino, uno con el que cada ser humano ha soñado, la felicidad

Trampas Mentales

Aquí es donde te comentare algo, nuestra mente funciona genial con o sin nosotros a cargo, esto a que me refiero, ya sabes que la mente es 95% inconsciente y 5% consiente, pero a eso le sumamos que muchas de nuestras respuestas están pre-programadas para hacernos la vida aún más fácil ¿más fácil? Pues aunque suene a burla así es, nuestra mente está diseñada para vivir en un solo camino, es cómo manejar, es fácil ya en este momento, pero cuando iniciaste quizá te desesperabas, o quizá fue fácil, como sea el caso es que manejas casi inconscientemente tanto que hasta te permites mientras manejas hablar por teléfono, así es como funciona en todo

En esta parte hay más cosas que aclarar, nosotros somos fácilmente programables y de ello nadie nos había preparado le explicare, una persona en cuestión de segundos puede tener un trauma que le afectara para el resto de su vida, y además de una infinidad de terapeutas que pueden lograr llevarle a un estado de trance, hay ciertas cosas que también lo logran y de eso las televisoras se han aprovechado, ¿Cómo? cuando usted ve un programa usted entra en pequeña o gran manera en trance, por lo tanto cada mensaje ahí oculto puede programarle pero desde ahí también usted puede programar a sus hijos con más facilidad y sembrarles la idea de que todo aquello que desean lograr es posible

Aquí tendría la explicación de que ponerle música a los bebes de Mozart u otra música parecida los hace inteligentes mientras duermen resultaría falsa y verdadera, la música en si quizá no tendría mayor alcance, pero en este estado de trance usted puede meterle la idea de triunfo y amor propio es decir, lo está programando para lograr aquello que en su madures ponga empeño, esto es un tema hasta cierto grado muy complicado pero real y más difícil de debatir por eso ponga atención que ve y que le pone en trance a usted

Quiero pedirte que te des de cuenta de algo, algo que hagas prácticamente inconsciente, ya sea escribir en la laptop, andar en bicicleta, cocinar o cualquier otra actividad que requiera manejo inconsciente, ¿te has dado cuenta como esos hombres que manejan máquinas pesadas como en alguna cantera pueden manejar con facilidad esos monstros mecánicos? Ahí notaras a que me refiero, ellos dejaron de estar atentos a sus manos o pies, ellos más bien están atentos a cómo y dónde hacen sus movimientos, pues así es nuestra mente

Podemos funcionar prácticamente en semiautomático, nuestra mente maneja aquella que según nosotros es nuestra vida, le explicare con más detalle de todo esto, nuestro cerebro funciona así por una simple y sencilla razón, tratar de mantener la mayor cantidad de energía, usted notara que cierto tipo de personas en cierto tipo de situaciones responde de igual manera, ahí es el cerebro que responde de manera automática, evita pensar y dar una respuesta más rápida, porque hacerlo así es más fácil y se ahorra energía, una respuesta pre programada es mejor, le preguntare con esta nueva información ¿usted cree que controla su vida o el cerebro la controla por usted?

En nuestra mente existen multi mentes ¿a qué me refiero con esto? (ojo, me refiero a que son muchas mentes dentro de una sola, nada que ver con personalidades dentro de un mismo individuo) Te pondré por ejemplo tu celular, digamos que lo ocupas para leer, ahí tienes libros como El Cliente, Colorín Colorado, El Efecto Compuesto y muchos más, a eso me refiero con muchas mentes en una sola, quizá tú seas cerio y digas es que yo soy así, pues mentira, piensa con calma y sé que en algún momento tu comportamiento es divertido, o dirás que eres enojón, y ahí la respuesta es la misma, busca un día en el que te aseguro que fuiste el alma de la fiesta y así con más ejemplos

Ese tipo de pensamientos nos hacen creer que así somos y nada lo cambiara, pues ahí empieza el cambio al ser conscientes que es mentira, que somos más y mucho más de lo que nosotros creemos pero, ¿y cómo iniciamos este cambio? ¿Cómo es que iniciamos esas mejoras o esa reprogramación?

¿Pero cómo funcionan las multi-mentes? Eso es algo más complicado y tendría que trabajar y entender en como fusionar todas en una sola y mejorada explico, mi esposa tiene algo parecido, según con quien esta es su personalidad, y aun le cuesta trabajar en localizar sus cambios, pero he notado que con todos es diferentes, con algunos es súper amable y súper linda al grado de hablar maravillas de ella, pero en casa apareció por años otra personalidad, una que siempre estuvo a la defensiva, su primer paso al triunfo fue aceptar esa realidad y saber que debía de trabajarla, ya desde reconocer aquello genera el 50% de su éxito ¿ahora usted quiere saber cómo lógralo?

Pues fácil, o mejor dicho pues la tienes difícil, ya que es como aprender un nuevo idioma, así la tienes de complicada, bueno de echo no, es según como lo creas, en todo caso sea cual sea tu pensar tú tienes la razón ¿lo recuerdas?

Nuestra mente ya está acostumbrada a las mismas cosas como, despertar a las 6:00 a.m. desayunar ir al trabajo, la hora de comida a la 1:30 p.m. salir a las 5:00 p.m. lunes a viernes y es aquí donde empieza la verdadera película de terror, ya que desde que nuestra mamá nos engendra nuestra vida se ha programado, es aquí donde me meteré con todos los detalles como religión, política, deportes y más, por eso notaras que si algo cambia en esta rutina te molestas te enojas o te emberrinchas y ahí es donde actúan las trampas mentales, donde tu mente no soporta el cambio y te lo hace saber

¿Cómo salir de ellas? De hecho no es fácil tienes que estar consciente de muchas cosas, que muchos de tus pensamientos ya están programados y fue sin darnos cuenta, a nuestra mente le gustan lo mismo aquellas que no requieren esfuerzo a esto se le llama andar en un mismo camino o surco, notaras que de tu casa al trabajo siempre es la misma ruta, pues con la mente es igual de echo la multi mentes así funciona, dejamos que sea otro conductor que maneje nuestra vida, de esa manera el cerebro gasta menos energía y se protege ya que si tu pensaras cada detalle a la hora de manejar seria cansado

Aquí quiero pedirte que realices pequeños cambios, nada con importancia, este día al ir al trabajo quiero que hagas cosas diferentes, ya sea tomar otra ruta, en lugar de tu tan acostumbrado café un buen vaso de agua o alguna otra bebida, a la hora de comer ir a otro lugar, ya sea comida china o aquel lugar que ya viste con anterioridad

Manera de ver la vida

En esta parte remontare a una historia que venía en un libro de primaria, quizá también la leíste y en este momento estas regresando a tu niñez

Un día un profesor tomo la idea de llevar a sus alumnos a un día de campo, así que preparo todo lugar día y hora en que esto sucedería, todo iba justo como estaba planeado, la fogata las historias las canciones las risas y los bombones, nada podría mejorar aquella experiencia, así que uno a uno se fueron a dormir sin nada más pendiente que soñar y descansar de aquel tan memorable día, ¡pero! ¿Qué era ese ruido?

Era claro que la curiosidad pudo más que el miedo y todos animados fueron a ver qué pasaba, sin más que la poca luz de la luna que apenas les permitía ver sus propias manos y sin más que lo que tocaron regresaron al campamento para decir que habían sentido, fue aquí que nadie estaba de acuerdo con aquella experiencia uno decía, pues que árbol tan raro por más que intente abrasarlo no pude ¿pero? No recuerdo ninguno así y menos por su forma en que estaba su corteza, otro más añadió, ¿árbol? Eso no era, era como un ave sus alas eran grandes raras ya que pude sentir el aire cuando estas se sacudían, valla que debe ser una ave muy grande, mentira dijo otro, yo sentí como una serpiente grande pero desconozco de que tipo ya que era inofensiva en ese momento otro añadió cierto era una serpiente pero era pequeña muy rara, todos confundidos tomaron la decisión de irse a dormir y revisar en la mañana con la ayuda del sol para salir de dudas en lo que cada quien había experimentado

Cuál era su sorpresa al encontrar a este árbol, con esta ave con las dos serpientes y los sonidos raros que de ellos venían, nada era más divertido que lo que en realidad era, ¿un elefante? Sí, eso fue lo que en realidad estaba ahí, ahora te preguntare, ¿Por qué crees tú que cada quien dijo algo diferente de una misma situación? Así es como nosotros vemos y sentimos la vida, diferente de como otros la viven te pondré otro ejemplo, ¿has escuchado del sueño americano? Pues te explicare, es un país muy diferente en cultura al nuestro

La travesía para ir se cuenta de muchas maneras, y lo sé porque en algún momento fui participe de esas historias, yo te puedo contar que mi estadía ahí fue genial, tuve mi propia recamara un trabajo genial por las mañanas y 3 días a la semana en las tardes atendía en un local de comida rápida, ¡el sueño americano! Pero también escuche de aquellos que fue ¡el infierno americano! Si, personas que su trabajo estaba a kilómetros de casa, amontonados en una recamara y otros más teniendo que buscar en la basura algo de comida, así funciona incluso a la hora de ir a ver una película, cada quien sale con una historia diferente a contar, que si el actor hizo mal su papel, que le faltaron efectos, que si la música, ¿entiendes? Podemos ver de manera casi infinita la forma de como vemos y sentimos la vida, ese es el regalo de ser individuos diferentes así como se dice, cada cabeza es un mundo y pues real, cada quien interpreta de manera diferente algún problema en la hora del trabajo, hay quienes las cosas difíciles las hacen fáciles y las fáciles pues nada, o de las cosas fácil difíciles y de las difíciles imposibles

¿Y tú como ves tu trabajo? ¿Eres feliz? ¿Buenos compañeros? O eres aquel que tiene envidia de alguien más que dice eso en ves que tú, de echo tu trabajo es solo eso, un trabajo, pero es la manera en que tus ojos lo miran, cada quien vive de manera diferente las mismas cosas ¿ya conoces el ejercicio de buscar?

Te explicare, alguien te dice oye hay un examen y esto es lo que tienes que hacer, mira aquí hay muchas cosas de muchos colores, pero quiero que busques aquellas que son de color morado ¿listo? ¿Cuántas cosas encontraste rosas? ¿Pero cómo si tú pediste moradas yo solo vi moradas? Bueno ese fue tu enfoque y solo viste moradas ya que solo buscaste moradas, de ti siempre ha dependido de como ver la vida, ya sea morada o roza, esta frase suena simple lo sé, un típico engaño de la sociedad al decirte que siempre has tenido control de ti mismo pero que en realidad eso ha sido una gran mentira

Así que la tarea de esta lección deduzco que ya sabes cuál es, ¡sí! Seguro que tu trabajo, tu espos@, novi@, hij@s, papás, comida y cuanta situación se te ocurra tiene algo bueno que dar, cambia esa manera en que vives tu día a día, cuando termines los **5 Pasos Para La Felicidad** entenderás por qué lo aquí escrito es un todo, y quizá con una leída todo tomara sentido, o quizá con dos o más, sea como sea o como tu decidas ya es aquí cuando tienes que ser tu quien controle sus emociones, en lugar de dejar que sean ellas quien te controlen a ti, que de seguro conoces a ese alguien que es incapaz de controlarse, ya sea celosos enojón molesto impulsivo controvertido introvertido o algo más, ¿triste no?

Y más si no conoce o aun no llega a sus manos esta excelente lectura que le ayudara a conocer y a conocerse mejor, que afortunadamente en tu caso ya tienes esa guía que muchos en momentos de amargura jamás encontramos, la manera de ver la vida es tan distinta de cada uno que es fácil torcer la verdad, ¿has visto en Faccbook alguna imagen de cómo ven una figura dos personas?

Pues así es de real, tu puedes ver el vaso de varias maneras, puedes verlo medio vacío, puedes verlo medio lleno (o como algún chiste lo dijo) pues a mí me parece que esto no es agua, ¿notas? Solo es tu manera de percibir las cosas lo que lo cambia todo, por eso también se dice, ponte en los zapatos de los demás para que puedas entender su vida

Juzgar a los demás siempre es fácil, ya que en este caso muchas veces es la misma circunstancia la que los lleva a ese tipo de decisiones, incluso tú has tomado alguna mala decisión y nunca falta aquella persona que te juzga sin saber que o como fueron las cosas ¿cierto?

Esa parte es molesta, de gente que según ellos creen pensar lo que tú piensas y sentir lo que tú sientes, por eso el mal dicho, nadie es monedita de oro para caerle bien a la gente, de hecho siempre le caerás mal a alguien, ya sea por ser exitoso por ser amable por ser mal hablado o por lo que se te ocurra, tú tienes una manera de verte, pero la gente tiene otro tipo de percepción de ti

Esa parte es genial ya que si sabes cómo utilizarla puedes mostrarle algo de ti que realmente no es, pero que te aconsejo trabajar en ello para serlo, ya que la única manera de mantener el engaño es haciéndolo realidad, si, tu realidad, una vez que entiendas esto aprenderás que la manera de ver la vida depende tanto de ti como de los demás

5 Cosas Importantes

Aquí empezaremos con un pequeño ejercicio fácil, en una hoja anota 5 cosas que quieres mejorar en tu vida pueden ser familiar laboral sentimental o económico, ¿listo? Bueno ya anotadas a cada una de ellas dale una numeración del uno al diez según creas sean importantes para mejorar, ¿te gustaría saber el resultado? Pues espera que esto aún falta, después de esta primer lista abajo has otra, pero ahora con 5 cosas que ya no quieres en tu vida, las que te molestan y quieres cambiar, y lo mismo, a cada una de ellas dale un número del 1 al 10 según la importancia en que quieras sacarlas de tu vida como dejar de fumar, dejar ese pastelillo extra, dejar de pelear en tu trabajo etc…

Aquí quiero que notes algo, quizá a la hora de escribir empezaste con lo más importante que creíste y así hasta la quinta frase, y con la segunda lista lo anotaste igual, empezando con aquella que más querías cambiar hasta la menos importante, pero a la hora de darle una puntuación ahí quizá cambio el orden quizá a la primera le diste un 7 a la segunda un 9 a la tercera un 6 a la cuarta un 8 etc…

Bueno te diré la respuesta, toda aquella situación buena o mala que tenga una puntuación menor a 8 son aquellas cosas que aunque las queremos fuera de nuestra vida o queremos mejorar, a nuestra mente le parece irrelevante por lo tanto se negara a gastar energía para dedicarle, solo aquellas que tienen 8 o más son las realmente importantes y solo aquellas son en las cuales trabajaremos para cambiar mejorar o excluir, ¿de locura no? Pues así estamos en nuestra vida diaria, quizá tu coche tenga alguna falla como tapicería o algún espejo o quizá en la casa alguna puerta rechina, tu comedor alguna silla tu teléfono y mil cosas más, ¿notas cuantas cosas de compostura tienes que realizar? Pero de seguro tienes un buen pretexto para posponerlo, y de eso te aseguro que ya eres un experto. El "Don" de posponerlo todo

¿Notas? Toda aquella con una puntuación de 7 y menos aunque queremos mejorarla o cambiarla no nos molesta tanto como para hacer algo al respecto, si, están dentro de nuestra zona de confort

Ahora en lugar de casa auto u otra situación más lo tomamos en relaciones personales, lo que quiero darte a entender (y nada de divorcios) que aquí hay que trabajar pero me dirás ¡ella es la mala! ¿Seguro? Te recuerdo que también soy casado y mi esposa también tiene un humor de mil rayos, aun como sea a lo que voy es que a pesar de tantos problemas seguimos casados después de 20 años y créeme, aún tengo miedo de perderla, aún tenemos pequeños desacuerdos pero puedo asegurarte que trabajar es lo que queda, y más porque este libro se está escribiendo en la tan excusada pandemia, si aquella que es tan polémica, que si es el gobierno o es una conspiración, ¿te imaginas dos seres explosivos encerrados?

Dos personas que en algún momento fueron toxicas como para desquiciar aun par de hijas, pues si, así fue nuestro matrimonio, siempre estábamos en una zona de confort, que aunque peleábamos y nos dejábamos hasta por casi dos meses hoy estamos juntos, pero todo ello requirió trabajo en equipo, y mil cosas más que más adelante te iré platicando y revelando para encontrar la felicidad en 5 pasos

Aunque suene de locos, la zona de confort para ti puede ser diferente a los demás, desde que a la esposa le ponen los cuernos y no deja al marido por simplemente dinero, o algún mal trabajo donde el empleado piensa que no puede conseguir algo mejor y solo se miente al decir, pues no estoy tan mal peor es no tener trabajo, muchas veces el cambio nos impulsa a lograr cosas grandes, ahí es donde la vida actúa para llevarnos a donde debemos estar

Algunas veces el mismo miedo nos mantiene dentro de esa zona, pero recuerda que el miedo no es real, es una parte de nuestra mente para mantenernos donde estamos, lo que realmente pasa es que nos da miedo fracasar, pero te diré que desde que no lo intentas ya estas fracasando, es hora de salir de esa zona de confort y la única manera es trabajar lentamente en todo aquello que queremos mejorar y todo aquello que queremos cambiar, aunque el primer habito seria trabajar contra la pereza que de eso también yo fui víctima

¿Porque victima? Porque siendo víctima ya no eres tu quien toma decisión de tus actos, y así puedes echarle culpa a alguien más

Ideas limitantes

Aquí si tendré que meterme hasta la cocina y perdón por ello, ya que soy invitado a tu casa me gusta atenderme por mi mismo, así que con permiso iré a ver al refri para ver que gustos tienes, que comes o que bebes

Muchas de las ideas que defiendes a capa y espada puedo apostarte que no son tuyas, y lamento decirte que esas ideas te limitan a lo que quieres o buscas ser, te diré un ejemplo, quizá cuando eras niño tus papás te decía, hey lo vas a romper cuidado no seas tonto, mira nada mas ya tiraste esto pero si estás bien tonto y cosas así, ha pero cuando hacías las cosas bien ahí todo cambiaba, ¡ya ves que no eres tan tonto! ¿Notaste? Al final eras tonto o no eras tan tonto, ese tipo de mensajes subliminales fueron dando forma a este individuo que hoy tiene o bien oculta una vida de problemas, el problema en realidad nunca fueron nuestros padres, y menos si ellos vienen de una época donde golpes y maltratos era el pan de cada día y lo sé por las historias mismas que ellos cuentan, dime como un adulto con esa educación podía educarnos con amor, en uno de los cursos que tuve la oportunidad de tomar con un gran Coach puedo decirte que fue la cosa más genial que he vivido, las experiencias de gente desde abusados, abandonos, golpeados o hijos sin control, me gustaría contarte que viví ahí pero la regla es, lo que ahí se dice ahí se queda

Desafortunadamente ese tipo de situaciones se está dando casi en cada casa y a puerta cerrada, siendo esto así como pedimos un mundo de paz y buena voluntad, muchos de ellos logran sanar o por lo menos vivir con aquel tipo de heridas y otro tanto no, muchos en lugar de quejarnos terminamos en agradecer la vida que nos ha tocado y ser felices con lo que tenemos y con lo que hemos logrado, pero esto no es así para todos, es aquí donde aquel tipo de gente hay que ayudar a sanar y es por ellos que este libro y otros cursos de más existen hoy en la actualidad

Por eso hoy día se dice que a tus hijos les tienes que meter la idea de ganador o tú puedes eres excelente un triunfador mientras escuchan música de Mozart u otro genio más, que se tiene que ir a misa los domingos o ser un buen hermano (en caso de que pertenezcas a otra religión) pero esa es una de las tantas ideas que están plagadas de mala información en nuestra mente y que ya es hora de quitar esa programación vieja y obsoleta, ¿savias que el bautismo fue impuesto? Si, esa fue la manera de asegurarse que cada niño a la hora de nacer fuera parte de esa religión, se nos hizo creer que nacíamos con el pecado original, aquel por el que Adán y Eva fueron expulsados del paraíso, pero no fue así nada más, claro que no muchos de los rezos están mal intencionados como aquel de (por tu culpa por tu gran culpa) o (tú eres pecador) etc…

Otra vez quiero que entiendas que si quieres tener un avance total es necesario quitarse esas ideas impuestas por gente que lo único que tenía en su cabeza fue gobernar a costa de todo, que lo que menos les ha importado es tu vida propia, de echo si has tenido la oportunidad de leer la biblia completa quiero que notes la gran cantidad de ideas y similitudes que tengo con ella, en ningún momento te estoy pidiendo que dejes de creer en algo superior, de echo eso es necesario para tu evolución como persona, ya que ¿Cómo podría enseñarte algo nuevo si los cimientos están mal, como podría explicarte cómo funciona la energía cuántica si iniciara con olvidar valores o buenos ejemplos, desde ahí creo yo estaríamos mal, solo te estoy pidiendo que reprogramemos como realmente debimos ser programados, ¿o no es lo mismo que la biblia menciona?

¿Sabías que si repites mucho una frase aunque sea mentira primero, los demás la creerán como única verdad y después aunque sepas que es mentira tú terminaras creyéndola? Pues así está en todo, como el dicho el que quiere azul celeste que le cueste u otra frase muy típica de tus padres, nos repitieron tanto las cosas como, para ser alguien en la vida tienes que tener carrera pero sorpresa, tienes que tener carrera para trabajar para alguien que no la tiene ¿Qué cosas no? Ahora solo piensa, (por tu culpa por tu gran culpa) ¿lo clásico pero, culpable de qué? Sea cual sea el rezo ya no importa, aquí la idea es que te creas culpable, así que repite cuantas veces eso sea necesario hasta que te lo creas, (yo pecador) otro rezo de locura

Oye si apenas tenías uños 5 años cuando ya empezabas a crecer y ya eras pecador, ¿pecador de que te pregunto?

Pues de nada solo querían que te lo creyeras para que fueras cada domingo a misa, ¿entiendes? Te contare un relato, un niño veía como su mamá a la hora de guisar pescado ella le cortaba la cola y le pregunto ¿oye porque le cortas la cola? A lo que su mamá le respondió, pues no se tu abuelita así lo hacía, sin quedarse con la duda fue con su abuelita y le pregunto lo mismo, abuelita ¿Por qué le cortabas la cola al pescado? Lo que la señora le contesta, pues no se mi mamá así lohacía, con más duda que antes busca a su bisabuela y le repite lo mismo ¿Por qué le cortaba la cola al pescado? ¿Cuál fue su respuesta? La misma, una tradición que te explicare, antes los sartenes eran pequeños y la cola salía de la misma y por ello empezaron a cortarle la cola, pero hoy en día los sartenes ya son más grandes pero aquella tradición se quedó y nadie cuestiono más aquello

Pues bien es hora de quitarnos esas ideas que han estado limitando nuestras vidas y ahí te puedo decir que la tienes pesada, encontraras desde que el dinero es malo, que todo se consigue a sudor y sangre u otro dicho más, para ello tienes que hacer un tipo diario del pasado anotar y recordar toda aquella enseñanza de nuestros padres familiares o amigos, ¿Qué era lo que más te repetían? ¿Lo recuerdas?

Sé que ellos trataban de que fueras la mejor persona y de ello nadie los culpa, también yo tengo papás y tengo hijos y al igual que ellos nosotros queremos lo mejor, pero como con una programación que para acabarla ni es nuestra, ni tus ideas ni tus creencias, pues nacimos en un hogar católico y por ley eres católico, y si decides cambiar de religión ahí ya no te la acabas

¿Quieres saber cómo quitarte esas ideas limitantes? Pues fácil, aquí el ejercicio a seguir es este, toma dos sillas, una tú y la otra para aquella persona que sembró esa idea limítate, aquí quiero que entiendas una cosa, quizá la persona que te limito fue tu papá, y esas ideas son las únicas que te acompañan en caso de que ya no esté en vida, pues tranquilo te lo pondré así, ¿Te gustaría ver a tus hij@s triunfar aunque tus ideas hubieran estado mal? te aseguro que esa persona pensaría igual, verte feliz aunque decidieras tu propio camino, aquí el ejercicio es literal, que imagines que ahí en esta silla está sentada, ya que la mente no distingue de la realidad de solo ideas, y de ello hay experimentos hechos, la maravilla de nuestra mente que es capaz de lograr cosas que aun te faltan por entender pero tranquilo que aquí te revelare el secreto

el poder de cómo lograr todo aquello que has soñado, esa tan anhelada felicidad por eso así es este ejercicio, para que tu mente pueda soltar esas ideas, aquellas que es hora de cambiar por nuevas y mejores así que imagina a esa persona a la que quieres regresar esa idea y con vos audible le dirás, gracias te quiero mucho te respeto y siempre serás parte de mi vida, pero hoy decido regresarte esta idea limitante que me ha frenado, te la regreso, renuncio a ella para ser libre, (recomendable serrar los ojos y a través de la mente imaginar todo) esta es una forma de terapia que propone la Gestal

Comprender que aquellas ideas fueron implantadas molesta, de hecho todo ser humano tiene el derecho de gozar de abundancia y riqueza, pero ¿Por qué hay pobreza? Por esas mismas ideas sembradas por religiones, políticos, televisión y otras cosas más, esa mala programación han hecho de este mundo un caos, esas malas ideas nos están llevando justamente a una pandemia que ni es tan grabe y ni es tan mala, pero ahí todo cambia si repiten y repiten cuan mal es esto, ¿notas? Esas ideas están siendo implantadas y lamento decirte que están ganando

Ahora quiero agrandar más este tema ¿has escuchado la programación neurolingüística? Este tema es fascinante ya que personas como Richard Bandler y John Grinder comprendieron que nuestro cerebro es programable y que podía ser reprogramado a voluntad, eso es lo que he tratado de enseñarte solo con un pequeño detalle, aquí te diré ciertas bases de Pnl, energía cuántica, y muchos detalles de más para que tengas una vida plena, una donde logres reprogramar tu mente, donde logres sanar tus heridas, donde logres sanar tu cuerpo y donde aprendas de cómo logra y atraer aquello que has estado buscando, la felicidad

Ganar-ganar

¿Genial no? En este punto te apuesto que hay cosas que no sabías y ya te están haciendo dudar, apenas es el principio y faltan muchas cosas que te explotaran la mente a un nivel que jamás pensaste, llego la hora de jugar un juego llamado (Ganar-ganar)

En este punto de la primera lección deduzco que ya eres capaz de reconocer tus trampas mentales y que la manera de ver la vida es diferente a los demás, que eres capaz de vivir con situaciones que aunque te molestan o quieres cambiarlas puedes vivir con ellas y que muchas de tus ideas fueron sembradas por tus papás, tus hermanos tíos o algún amigo, si estas casad@ eso que tú vives en tu mente es igual con tu pareja, por eso pelean tanto, pero es hora de jugar este juego, es hora de divertirse y dar el primer paso a la felicidad

Aquí se trata de que lo importante no es ganar la guerra, lo importante es cada batalla, una él o ella y una tú, hay gente que dice, si no es para mí no será para nadie, pero qué caso tiene eso, en este mundo hay mucho y para todos, hay en abundancia, quizá en algún momento te quitaste algún bocado de la boca para dárselo a alguien más y eso te hizo sentir feliz, aquí ambos ganaron, tu por sentir esa emoción y esa persona por tu bondad, esto lo puedes utilizar prácticamente en todo, ¡si en todo! Ganar-ganar nos enseña que hay de todo y para todos, por ejemplo te gusta una camisa, pues al vecino te puedo apostar que tiene otro gusto, te gusta un coche pues a otra persona le gusta pero otro modelo, en zapatos, comida, personas y mil ejemplos más, (aquí ya sé que me dirás) no mijo lo que tuve que hacer para quedarme con esta persona y en eso estoy de acuerdo, el ex de mi esposa sin querer la orillo a elegirme por sobre él, y también yo lo pase, enamorado de una niña de la infancia y el dolor fue tal que pensé nada valía la pena

En este momento comprendo cosas que en aquel entonces no entendía, cuando aquella niña de la infancia por así decir la perdía dije algo que hasta este momento termine dándome cuenta ¿recuerdas cuando dije de niño? ¡quiero de grande tener una familia así! Pues en aquellos días dije algo muy contrario y que te explicare muchísimo más adelante como funciona esto

Cuando note que esa niña ya la tenía perdida dije, después de ella con quien me case ya da igual, palabras muy afirmadas que me llevaron a 19 años de problemas

Aquí la clásica pregunta, ¿Cuánto tienes que dar tú en una relación y cuanto tú pareja? ¿50% cada quién? La respuesta correcta es 100% cada uno, nada de eres mi media naranja o mi medio limón o tu uña y yo la mugre eres mi papa con cátsup y así etc…

Ganar-ganar, es parte de un juego en el que un día tu, un día yo, un día vamos con mi suegra un día con mi mamá, un día comemos tus tacos otro día mis hamburguesas, un día te ayudo con las cosas de la casa otro me ayudas con mi trabajo, aquí debes entender que para discutir se necesitan dos tontos

Es como la luz, se necesita tierra y corriente para que algo eléctrico funcione, muchas veces pedir disculpas y reconocer son bastantes para terminar un pleito, aquí entre mejor funcionen las cosas ambos ganan, incluso entre familias, es hora de dejar ese orgullo que tanto daño hace a la gente y te lo digo real, ya que para que puedas llevar este curso a su límite eso tendrás que hacer quitar tu orgullo, te podría poner un ejemplo entre la familia de mi esposa y ella, un pleito que los llevo a tres años sin hablarse, ¿de locos no? Pues sí, orgullo fuera esa fue la gran solución, y me dirás ¿y tú qué? Pues nada en este caso yo perdía, sí, pero valió la pena, hoy mi esposa se quitó lo mamitis y está más en casa con mis hijas con una familia cada día más estable, ¿ves? Así se termina todo, soltando el orgullo

De hecho quitarme el orgullo es una de las tantas cosas geniales que he logrado, que alegría es poder platicar con mi esposa sin un tono más que el de una plática entre buenos amigos, poder hablar con ella y escuchar sus ideas, el aceptar su punto de opinión y el que ella escuche el mío nos ha dado paz y tranquilidad en estos días que hemos estado conviviendo prácticamente 24/7

Aunque esto nunca fue así, así como hoy tú tienes que trabajar en estos temas así nosotros tuvimos que hacerlo, hay buenas instituciones que te ayudan a ello, terapeutas, Coach con Pnl y un largo etc.

Eres lo que piensas

Pues bien, ¿porque eres lo que piensas? (ejemplo)

"Mis hijos me están volviendo loc@"
"Mi trabajo me está matando"

Es claro que entre más repitas algo más se hace realidad ya te lo explique líneas antes, pues es real repite una frase cada día y esa es tu realidad te pondré un pequeño experimento que hice con mi esposa

Para sanar cada día empezamos a decirnos estas palabras ella a mí y yo a ella, (te quiero, te respeto, te aceptó como eres y estamos dejando de pelear) tú dirás genial lo aplicare enseguida con mi pareja, pues no, ¡ALTO! ¿Por qué? Dirás, simple en las lecciones más adelante te enseñare la forma correcta de hablar, (otro tema otra explicación) lo que note con ese pequeño ejercicio es que cada que lo decíamos peleábamos, no justamente en ese momento pero si en el trascurso del día

Y dirás ¿Por qué? Bueno en este momento mi esposa y yo ya entendemos la energía cuántica y es genial, pero en tu caso apenas estas despertando a un nuevo mundo de posibilidades infinitas, al decir (y estamos dejando de pelear) lo que en realidad estábamos diciendo o mencionando es pelear, y pues ¡concedido! Peleábamos, a eso me refiero eres lo que piensas, por eso si en tu mente esta (mi trabajo apesta, mi suegra apesta, mi jefe apesta) esa es tu realidad, tu realidad es lo que piensas y si lo piensas lo haces real, por eso inicie este curso con (como sanar la mente) es para que una vez que entiendas como funciona tu mente, tu consiente o tu inconsciente sea más fácil entender las demás partes aquí escritas

Puf ¿complicado no? Pues sí es complicado, imagino que ya sabes que para la mente le da igual si lo ves o lo imaginas, entonces así empiezas a cambiar tu realidad, y para ello hay que reprogramar tu mente, ¿Cómo? La programación Neurolingüística te ayuda a hacerlo de una manera rápida y permanente (que es justamente lo que estoy estudiando con cambios realmente impresionantes

¿Te acuerdas en esa etapa de tu vida, de niño? Y te preguntas ¿Cómo cambie? ¿Qué me paso? Pues aquí están esas respuestas y la solución a ellas, lo primero que yo empecé a hacer fue escuchar audios del gran hermano (YouTube) como ¡Soy ganador! ¡Yo puedo lograrlo! ¡Yo soy la mejor versión de mí! etc. Etc. (esto si funciona, lo malo es que por lo menos se tiene que escuchar el mismo audio por lo menos una vez al día y por lo menos dos meses) ¿aburrido? Sí, pero así empecé yo hace más de 6 años, y todo esto me llevo a un siguiente paso y después a unos más y uno más etc.

Pues ya en estos temas de YouTube de echo hay muy buenos exponentes, en lugar de aquellos videos que tanto nos gustan como (prepare comida sin horno) (como meterse un condón por la nariz) aquí también le recomendare algunos que si bien dicen parte de la verdad aun ellos entienden que si le revelaran la misma tal cual es se acabaría el truco, si el truco de hacer videos, pero que gracias a ellos y su metodología hoy puedo narrar con seguridad este libro, uno qué le ayudara a entender a profundidad como lograr el aquel tan deseado éxito, aquel que le convertirá en la persona que alguna vez soñó en su infancia (y como lograr cosas sorprendentes como en la película mujer bonita, ¿la recuerda?)

Incluso ahí en esa trama usted piensa, si claro ahora resulta que una mujer así puede conseguir tal marido, ¿pues qué cree? Eso puede ser cierto, ya que el universo mismos nos concede todo aquello que queremos y usted me dirá ¿pero si yo he pedido y solo decepción he tenido?

Bueno lo que pasa es que aunque ha pedido nunca ha sabido cómo pedir, ¿tiene hijos? Le revelare de rápido, cuando ellos quieren algo lo dicen así como va ¡quiero un helado! O acaso le dicen ¡oye papá! Me gustaría un helado, pues no, lo piden tal y así como lo desean pero espere que usted dirá pues listo para que seguir leyendo este libro, ¡pues no!

Que aquí están las instrucciones de cómo lograrlo, es como cuando usted compra algún juguete armable, hay que seguir las famosas instrucciones ¿o es de los que sabe cómo y se arman como usted dice?

¿Le ha resultado esa manera de pensar? Si es así ¡felicidades! Que usted está entre los pocos que pueden gozar de una vida plena, llena de logros porque créame que yo no pude hacerlo hasta que trabaje en cada aspecto de mi vida para lograrlo, trabajé la mente, trabajé el cuerpo, trabajé el alma y así aprendí como pedir al universo

Que para ello tuve que quitarme muchas ideas limitantes, quitarme el orgullo, quitarme la pereza y cuanta cosa negativa estaba arrastrando en mi vida, pero por sobre todo tenemos que empezar a cuestionar a nosotros mismos ¿Por qué? Porque solamente así logramos darnos cuenta si en realidad estamos en lo correcto o no, ya que al hacer esto evitamos que sea otra persona la que cuestione nuestros actos, pero si usted no quiere auto-cuestionarse eso solo significa que ni tú tienes la seguridad de lo que dices y estás viviendo una gran mentira que le has dado el nombre de vida

Animo que esto apenas empieza, esto es la punta del iceberg, es hora de sanar heridas, cambiar hábitos, reconocer errores, aceptar tus desgracias, abrasar tus miedos, caminar por ti mismo y reconocer la persona extraordinaria que habita en ti, esa que vive sin miedos y capaz de lograr su objetivo, que busca la sanación y el universo le ha escuchado,

Aquí usted tiene todo el derecho de sanar y ser feliz, pero para ello hay que soltar amarras y atreverse a navegar por ese inmenso mar de verdad, pero recuerde que tiene que trabajar en cada situación que haiga decidido sanar, nada será fácil pero le preguntare ¿ir a su trabajo hasta este día ha sido fácil?

El peor engaño puede ser que después de toda una vida laboral usted pueda soñar con el retiro que su empresa le puede brindar, si, que después de unos 40 años de lo mismo usted pueda disfrutar de una vida plena, donde quizá tenga más de 50, es cierto que se puede aun con esta edad, pero que mejor lograrlo dentro de sus 30, donde aún puede disfrutar de su esposa y de sus hijos, en lugar de sus nietos y desde su divorcio, aquí ya tiene las instrucciones de cómo se lograr la tan deseada felicidad, que de echo este libro está siendo puesto a prueba, por gente como usted y como yo

Efecto Tiburón

Sabe, este efecto es peligroso si lo tomamos así, ¿Por qué? En la zona de confort usted tiene la decisión de moverse, pero en este apartado es si o si, personas como Coronel Sanders, Mauricio Benoist, Miquel Román entre muchos más (Incluyéndome) lo vivimos, esto más adelante en el enemigo de mi vida comprenderá o mejor dicho comprenderá mejor a estas situaciones o a estas personas, como le decía, dentro de la zona de confort usted decide vivir así, ya sea dentro de una relación toxica o en un mal trabajo con malos compañeros o en otra situación similar como estar con sobre peso o con una mala imagen estética, usted vive así porque ha aprendido a soportarlo pero bajo este efecto la situación cambia, le diré ejemplos más específicos, por ejemplo Oprah Winfrey o Madona son ejemplos claros de este efecto, Oprah vivió una vida muy miserable en sus primeros años de vida, de ser violada o vivir en pobreza extrema la hicieron la persona que es hoy, y de esos casos encontraremos más, como Juan Gabriel, Sylvester Stallone entre muchos más, a eso me refiero con efecto tiburón, quizá usted ya lo vivió pero no pudo entender por qué lo ha vivido y lo que es peor, en lugar de utilizar este apalancamiento quedo enojado con la vida y molesto con la gente, quiero que aquí entienda que nadie quiere algo malo para usted, pero es atreves de este libro que comprenderá porque la gente común puede hacer cosas realmente malas

Todos vivimos con algún tipo de dolor o molestia social, ya sea porque perdimos al amor de nuestras vidas, perdimos un siclo escolar, vivimos bullying en alguna parte, nuestros padres nos trataron como basura y aquellos que debían de protegernos fueron quizá los que abusaron corporalmente, sabe, la sanación mental es más complicada de lo que a simple vista se puede ver, es en este tipo de situaciones donde la única salida que tenemos es saltar para salir vivos de todo ello, es como la rana en agua hirviendo ¿Lo recuerda? Nadie quiere vivir experiencias como estas, pero son estas justamente las que nos hacen ser lo que hoy somos, y es solo aquí donde comprendemos y entendemos en su totalidad que eso debía ser necesario para convertirnos en mejores personas

Es por eso que aquí le diré que el universo es más que complicado, es algo así como el dicho que Dios les da sus peores batallas a personas que sabrán cómo salir de ellas, yo por ejemplo, en el 2013 inicio una etapa de mi vida que es en el día de hoy donde agradezco haberla vivido, por más de 7 años me pregunte él porque estaba viviendo esto, fue desquiciante y en este lapso tuve las ganas de suicidarme y lo peor, de matar a otra persona, por eso le digo que este efecto es peligroso, en aquellos días me preguntaba porque vivía esto y cuando terminaría, de echo las situaciones antes vividas me dieron fuerza para lograr resistir esta travesía

Fue en esta situación que empecé a buscar ayuda, una que en algunos canales de YouTube fui encontrando, pero con todo ello como en algún momento le comentaba, la verdad estaba a medias, y ello me llevo a querer saber más y fue así como adquirí esto que en este día ya soy, (Master Coach internacional con Pnl) 29/04/2023 12/49 p.m.

¿Ahora lo nota? Fue a raíz de esta mala experiencia que logre o mejor dicho, la vida me llevo a lograr lo que se hoy, algunos vivimos experiencias más fuertes que otras, quizá algunos estamos destinados a ser más grandes que otros, es ahí donde no le puedo decir que pasa realmente en la vida de todos, pero sí le puedo enseñar que pasa y porque pasa lo que pasa, es como quizá usted, perdió su matrimonio y eso le llevo a superarse y logra un mejor trabajo y fue así como logro recuperar a su esposa, y de ese tipo de situaciones también existen

Conocí el caso de un muchacho de bajos recursos que su futuro suegro no lo quería, fue aquí que este señor trato de hacerle la vida miserable a este muchacho logrando que terminara esa relación con su hija, ¿el resultado? Esto a continuación es genial y le diré porque, al ser violentado de esa forma este joven no tuvo más remedio que alejarse unos años para prepararse y ser mejor, y así un día regresó fuerte económicamente y fue así que el señor no pudo oponerse más

Efecto Princeso

Esto suena a fabula y aparentemente lo es, esta lección me tardo más tiempo en entenderla pero lo logre y le diré que estas situaciones son graciosas reales y necesarias en nuestra vida, en este efecto fue una de mis hijas quien me enseño como es que funciona, nuestros padre sin querer nos inculcaron que a la hora de la comida decir (Gracias por este alimento sin merecer) al decir estas pequeñas palabras es como un árbol en nuestras fáciles y programables mentes, fue creciendo y creciendo hasta creer que muchas cosas no merecemos, curiosamente esto es referente a mente pobre, y note que los ricos también la viven, inconscientemente creen que solo atreves del dinero pueden ser felices y que adquiriendo una esposa modelo lo pueden ser, que no son capases de tener una mujer digna para ellos

Aquí muchos tenemos una mente pobre por esa pequeña palabra, que si logra tener un buen sueldo y muy en el interior piensa que no lo ha ganado, ¿Sabe porque algunos ganan mucho dinero? Lograron desbloquear esas áreas donde la pobreza mental ya no existe y aprendieron a vivir como princesos, por ello le diré el cómo mi hija me lo enseño ya que ella por así decir le dejamos hacer lo que quisiera, pero note que ahí está algo más complejo que a simple vista no se ve pero esta, ella vive sus días creyéndose una princesa, y de echo tenía una playera que así lo decía en su estampado, la princesa de papá, y era claro que ella decía así como va, ¡quiero esto o quiero lo otro! ¿El resultado? Que la vida se lo ha dado, de hecho eso es un enojo para mi otra hija y le explicare el porqué, desde que nació o mejor dicho desde dentro del vientre de su mamá hubieron problemas que le llevaron casi casi a ser niña especial, pero todo ello formo su carácter y ser tratada como princesa, lo que llevo que todo lo que quería lo tenía y fue así como empecé a notar que algo raro estaba pasando ahí y hoy se lo puedo revelar, ella fue educada sin esa palabra de no te lo mereces

Y el resultado es una mente rica, algo que muchos de nosotros no tenemos, por ello no logramos lo que deseamos al saber muy inconscientemente que no lo merecemos, hoy ya lo sé y por ello esa lección con este nombre, vivir como Princeso, donde tenemos que grabarnos que merecemos una vida plena y completamente de riqueza

Pero también aquí tenga cuidado con ello y le diré el porqué, si usted tiene la idea de que se merece una amante le preguntare algo, ¿Su pareja se merece ese engaño y esa herida emocional? De ser así entonces usted se merece también que la vida le page esa mala jugada

Seamos como la princesa Diana, seamos sencillos en nuestra manera de ser, nuestra felicidad no puede estar por encima de la de los demás, recuerde que la vida le regresa y el doble de lo que ha hecho a otros, es como así decir, ha sembrado espinas queriendo cosechar limones, si quiere limones pues siembre limones, cuide a su pareja ya que sabe cómo y en este libro se lo he explicado abiertamente, por ello cuando tenga un logro celébreselo, ya que así que se lo da a manifestar al universo, que se merece ese trabajo, ese matrimonio, esa riqueza y esa buena salud, por ello se atentó a los demás, y a sus hijos enséñeles a pensar como princesos

Pero también enséñeles a ser respetuoso con los demás recuerde una frase, entre más grande seas más humilde debes de ser, por ello la gente de barrio suele ser grosera, por su falta de educación, y lo cortés no quita lo valiente, le explicare más porque malas palabras de pobreza suelen ser muy malas en nuestras vidas, hay mujeres que se conforman con ser la otra ¿Por qué? ¿Acaso no hay hombres para ellas? Claro que los hay pero algunos son borrachos mujeriegos flojos pendencieros y más, ¿Qué pasa aquí? Pues lo mismo, este tipo de hombres creen que no merecen más, es aquí donde el resultado es indeseado, muchas mujeres se acostumbran a ser la otra de muchos y es aquí donde son llamadas mujerzuelas, solo fue una mala educación que las llevo a ser lo que son ahora, teniendo hijos de varios padres y viviendo casadas con lo que pueden ya que creen que jamás merecieron algo mejor, pero es ahí donde debemos de entender que si son como son hay más cosas que las llevaron a ese estado, y no podemos juzgarles, pues esto funciona en todo, por ello hay gente pobre, por su mente que creen que no merecen una vida plena, como usted o como yo así que ya sabe viva como Princeso pero con honestidad y buen juicio

A través del dolor

Sabe, este apartado puede ser el más peligroso de todos y le diré el porqué, cuando la mente esta estresada o viviendo en pánico hay algunos métodos que le ayudaran a salir de ahí, si se pone una liga en la mano y le jala esta por ende le causara dolor ¿Cierto? El dolor es necesario para sacar a nuestra mente en estados de ansiedad ya que eso le indica peligro, algunos ejercicio físicos hacen lo mismo, otro método es que cuando este en ese estado vea todo y describa donde y como esta vestido, de esa manera le está sacando a su mente de ese estado pero le diré él porque es aquí también peligroso vivir con dolor

En esta pandemia mucha gente murió por vivir con dolor y le explicare como fue esto posible, así como el dolor saca a la mente de ese estado lamentablemente viviendo varias horas con dolor provoca que los pensamientos no estén lucidos, por ello le piden que si está en un pleito familiar o matrimonial lo mejor es alejarse para así evitar malas decisiones, le diré un pequeño ejemplo, ¿Sabe porque existen las infidelidades? Aquí en este estado ambas partes están pasando por cierto dolor emocional, y esto es peligroso ya que si otra persona lo nota al no estar pasando por esa situación aparentemente suele entendernos

Y es aquí donde esa persona puede manipular la mente, y la persona dolida encuentra en esto algo de paz momentánea, logrando con ello un falso enamoramiento y el resultado es la infidelidad, lo más sano aquí es que si está viviendo algo parecido lo mejor es filtrar aquellos consejos y más si vienen del sexo opuesto, por lo tanto tenga cuidado de quien se le acerca a su pareja y de quien se le acerca a usted, se lo digo para que ponga fin a esa mala situación, la mente no es capaz de vivir con dolor a menos que así la entrenemos, por eso los doctores tiene que estar con la cabeza fría, ellos comprenden que usted está pasando dolor pero entienda esto, el dolor será momentáneo pero los resultados pueden ser permanentes, por ello estos galenos lo comprenden así, ¿Le duele? Pues que bueno pero le están salvando la vida por lo tanto el dolor se pasara pero su vida tiene que ser protegida, eso es aplicable en todo

Por ellos hay divorcios infidelidades o pleitos familiares, es en este estado donde decimos barbaridades que luego ya no tiene compostura, ahora ya sabe, si está enojado con su pareja, sus padres o sus hijos tenga cuidado lo que dice y lo que hace, ya que no está razonando y es nuestro cerebro primitivo quien está tomando el control total de su vida, por ello es bueno saber controlarse en todo, y no me refiero a que no sienta, me refiero a no dejarse llevar por sus emociones que después un ramo de rosa no bastaran para ese problema

Le contare uno de varios casos, la persona tenia dolor en el pecho y su respuesta fue esta, (Doctor hágame lo que sea con tal de que se me quite) la respuesta de ellos fue entubarla (Algo que no es necesario pero aun así fue echo) después de esto las decisiones de sus familiares fue similar a la de la apaciente ¿Porque? Ellos al igual que la persona enferma estaba compartiendo el mismo dolor emocional de esa mala situación, y el resultado fue que los malos consejos de los doctores les llevaran a tomar malas decisiones ya que ninguno estaba razonando adecuadamente, el resultado ha sido de muchas muertes y todas ellas fueron tomadas atreves del dolor, pero ahora usted ya lo sabe así que tenga cuidado desde donde piensa y como actúa, por ello si usted tiene enfermo en casa lo mejor a pesar de la situación es pensar con la cabeza fría para un resultado óptimo y no dejarse llevar por consejos de "expertos" que ellos aparentemente buscan su salud pero en realidad buscan que usted consuma sus productos, ya sea desde medicamentos hasta estar en el hospital y eso es muy lucrativo y lo sé porque he visto cuánto cuesta estar ahí

Conclusión

En esta primer lección quiero que entienda que la mente es digamos una entidad con un poder tan pero tan grande que es capaz de enfermarnos así como también de sanarnos, que si bien es una parte más de nosotros tiene un actuar como si en un mismo cuerpo estuvieran dos personas, usted y su mente, de echo la misma esta pre programada para cuidarnos así como para protegernos de que no nos inflijamos algún auto daño, esa parte es innegable y de echo hay que darle gracias por ello, de que sea nuestra mente quien controle muchos recursos de nuestro cuerpo, como respirar, que nuestro corazón este latiendo, controlando la temperatura de nuestro cuerpo y muchas funciones más

 Así que en lugar de ser enemigos más bien tenemos que trabajar mano a mano como verdaderos amigos, por eso hay que saber que pasa como pasa y porque pasa lo que pasa en nuestra mente, hay que entender que el miedo es un estado emocional, ya se sabe que el miedo es una opción, que el miedo puede ser tan real como las películas de Harry Potter, de echo el miedo nos protege en ciertos momentos y evita que hagamos tonterías, pero en más de los casos el mismo nos impide salir de nuestra zona de confort, por el miedo al qué dirán o que pensaran los demás, aquí usted tranquilo que de hecho ya están hablando de usted tanto bueno como malo

Y ya que esto es así pues haga lo que tenga que hacer en todo caso ya están ablando, dese el valor para lograr lo que ha estado anhelando hace mucho, de ese primer paso y únase usted con todo su ser, que si su mente le dice algo contradictorio pues escúchela y de todos modos haga lo que tenga que hacer para lograr el tan soñado éxito, que en todo caso siempre recuerde que usted tiene la razón, sea esta buena o mala usted la tiene, (nota) si, usted tiene la razón pero solo en usted y en su vida, y no salga con que la luna es de queso y quiera imponer esa razón a los demás, nos referimos en su estado de salud, riqueza o mental, si usted dice estar sano pues tiene la razón, si comenta que tiene riqueza pues también la tiene o si dice vivir amor pleno también tiene la razon

Primero aprendamos a entender nuestra mente y eso lamentablemente no es fácil, como alguien lo dijo, nacimos sin un manual de vida por eso tenemos tantos problemas pero aquí le estoy enseñando ese manual, la mente en realidad es genial pero para ello primero tiene que aprender a reprogramarla y eso no es tan complicado, todo depende de usted, en reconocer que hay más de un estado mental o personalidad

Que las emociones también juegan un papel importante en nuestra vida, usted se preguntara ¿si la mente se puede reprogramar aquellas partes negativas de nuestra vida se pueden sanar? Sí, pero para ello es necesario un Terapeuta con manejo en Pnl para lograr aquel cambio, aquí le explicare un poco más, usted me dirá para eso mejor hubiera visto a uno desde el inicio y eso podría ser cierto, solo que, algunos especialistas buscan que usted aparentemente sane ¿Por qué? Si usted sana quien les dará más dinero, si ya se, siempre encontraran más gente, de hecho no tanto, no a todos les gusta sanar de esa manera, un porcentaje prefiere jamás sanar, otro tanto logran sanar por si solos y otro tanto son los que si buscan ayuda

Como le comenté llevo ya casi 20 años de casado y en todos ellos hubo momentos muy malos y heridas que tratamos de sanar y yo me pregunte ¿para sanar un dolor en específico es necesario encontrarlo y cambiarle su estado emocional? pero en casi 20 año ¿Cómo hago todo ello? ¿Respuesta?

Me confronte y note que en todo ese tiempo mi esposa fue mi tiburón y yo el de ella, cambiando esta manera de pensar sin querer todos esos años de malos recuerdos empezaron a cambiar de emoción ¡si todos esos años de dolor están cambiando o mejor dicho los estoy viendo todo desde otro punto de vista! Así usted puede lograrlo, pero le recuerdo que primero tiene que terminar de leer todo este libro para que pueda lograr tal faena que por muy loco que suene es real

Como sanar el Cuerpo

Puf segunda lección y ya estamos con la cabeza a tope, el tema de aquí es un poco más relajante aunque no menos importante, es como dice la frase mente sana cuerpo sano, y eso fue lo que en casa falto, salud

En la lección anterior hubo temas quizá un poco incompletos pero tranquilo que aquí iremos profundizado un poco más al respecto, una mente enferma es igual a un cuerpo enfermo, y eso fue lo que justamente este 2020 la vida nos enseñó, vivimos en un mundo tan deprisa que ni tiempo tenemos para pensar en la salud, levántate, córrele, cómprate lo que encuentres en la calle, como lo que puedas, cena si es que aun te sobra dinero, estomago o salud

De esto sabemos de sobra, vivimos en un mundo donde una de las principales enfermedades son justamente la obesidad, aquí le contare algo, y me lo pregunto muy a menudo, si hay buenos productos como es que eso a las grandes empresas no les interesa, tal parece que aquí es un tramado entre ellas mismas, yo los engordo diría una, yo los estreso comentara la otra y los doctores, les quitaremos todo el dinero que podamos, en todo caso si se muere pues aquí nada pasa, que otro individuo está naciendo para ocupar su lugar

¿Sabías que hay niños de dos años que ya viven estresados? Y usted me dirá ¿Cómo es eso posible? La gran cantidad de temas que tuve que aprender para tener a mi familia viva, ahí es donde estoy más que agradecido, poder asimilar cada tragedia he investigarla a profundidad o como es lo mismo le he pedido al universo sabiduría y ellos contestaron a cada una de mis preguntas, aquí la respuesta es un poco simple, dentro del embarazo tanto la mamá como él bebe tienen que estar en un estado controlado de buena salud mental como sociológica

Y si a eso le agregamos clases bajas donde existen familias destrozadas, mujeres violadas, padres borrachos que permiten todo aquello, ¿pero porque debería ser esto así? Quizá al escribir este libro me estoy ganando un problema mayor ¿pero sabe qué? Yo transformo mi vida y lo que pasa en ella, que aun mis enemigo me darán la razón

Esta es la nueva enfermedad que está matando a gente y eso nos quedó más que claro en este inicio de año que estuvimos a nada de perder a una de mis hijas en manos de esta muy mala enfermedad, pero que gracias a ella aprendimos muchísimo, aunque era claro que eso detuvo momentáneamente nuestra racha de buena suerte que estábamos manejando desde el mes de mayo del año pasado remodelando la casa, situación que en 19 años de matrimonio nunca pudimos hacer, compra esto compra lo otro ir al cine, teatro, viajar a otros estados, celulares nuevos, cuentas en el banco y otros lujos de más, ¿se da cuenta? Desde el año pasado ya estábamos manejando la energía cuántica, y le comentare que aún estamos fascinados con ella, aun en este momento cada día aprendemos cosas nuevas, cosas que están cimentando aún más esa vida de sueño que todo ser humano debe tener por ley, y es aquí donde le revelare cada una de ellas para que usted o alguien más que lo necesite se dé la oportunidad de crear su vida

Ese cambio de mentalidad estaba surtiendo efecto, si ¡RIQUEZA! Era real, 8 meses de abundancia contra 19 años de dolor, enfermedad, pérdidas, llanto y muchas cosas dolorosas más, con esta nueva enfermedad estábamos atónitos, estudios de alta especialidad hospitales de igual índole y nada, nuestra hija nada tenía estaba sana, pero ¿Qué había pasado? Una pregunta que hasta este momento nadie pudo contestar, solo fue una línea de sucesos que inicio con un lavado intestinal y desencadeno con lo que pudo ser depresión sebera, ahí estaba la respuesta, en la mente y que desencadeno en el cuerpo y pudo enfermar el alma, le platicare un pequeño ejercicio que aplique en ella

Ahí todo inicio con un estreñimiento que pudo convertirse en colitis, de ahí en no sé qué cosa más y así, hoy veo que ese gran defecto ha salvado incontables veces a mi familia, al principio fue inconsciente estar en contra de cada resultado de los doctores, que incluso hasta hoy sigo contradiciéndolos y valla que me he ganado enemigos por ello, y más de la familia de mi esposa que son tradicionalistas a morir (y se han muerto por ello

aquí la historia comienza desde su embarazo, uno que la llevó a estar 6 meses en cama de hospital, atendida con un doctor del que antes estaba molesto, pero fue parte de este crecimiento, ya que ¿Cómo podría narrarle? **5 pasos para la felicidad** su nacimiento fue de ¡y le presentamos una niña casi discapacitada tipo retraso mental! (ya que al nacer no lloro como debía) y quizá se presumía pudo haber tomado líquido amniótico algo muy malo (usted puede investigar aquí) como sea, fue niña teletón por su retraso motriz

¿Pero a qué viene esta historia? Simple según los doctores o psiquiatras seria especial, que debíamos cuidarla por el resto de nuestras vidas, (usted comprenderá lo que hice) ignorar sus palabras y tomarla como niña normal ¿funciono? Pues claro, su vida es lo que piensa aun en nuestros hijos

Pues continuemos, hasta antes de ese suceso la dieta de mi hija era sopa de pastas, pizas, tortas, comida chatarra, refrescos y mil golosinas más, y pues la verdad estábamos acostumbrados a ese mal genio que la caracterizaba, y aun con todo eso manejábamos una dieta más saludable que los demás que consumen peor, en fin ya había hecho cambios de hábitos y todo parecía ser genial, hábitos que yo inicie un par de años antes en mi intento de bajar de peso, aunque en realidad nunca he estado gordito solo con quizá 10 kilos demás pero quería estar más en mi peso, así que en realidad fue fácil, una vez estando consiente de mi mente empecé por hacer cambios pequeños y sutiles nada para martirizarme

Es claro que aquí en México nuestro pecado es la tortilla

Para demostrarlo te contare algo, un día unos extranjeros llegaron a México fascinados con la comida y preguntaron, oiga que tipo de comida nos recomiendan, (aquí entenderás que cada persona conocedora de su país pues presume su comida típica de la cual estará más que orgullosa)

No pues les recomendamos unos buenos chilaquiles, genial contestaron ellos ¿Cómo son? Preguntaron, pues fácil, es tortilla dorada remojada en salsa verde crema queso lechuga etc…

Huy genial ¿qué más? preguntaron ellos, ha pues unos buenos tacos dorados contestaron seguros, ¿y eso cómo es? Volvieron a preguntar

Pues miren es tortilla frita con salsa verde crema queso lechuga etc. Y así hay más comida que podría sugerir con tortilla salsa verde crema queso lechuga etc…

Aquí se trata de ir cambiando pequeños hábitos sin sufrir los mismos, y me refiero a cambiar en vez de quitar ya que la segunda opción crea ausencia mientras que la primera solo remplaza, lo que hice en aquel entonces fue contar cuantas tortillas comía, y tome la decisión de comer solo tres, fuera la comida que fuera, lo curioso de este método son los resultados, en mi antiguo trabajo el esposo de mi ex jefa tiene la costumbre de ir al gim llevando (deduzco yo) una dieta tomando no sé qué cosa para nutrir o quemar grasas y pues novedad, esta muchísimos más gordo que yo que ni voy ni tomo aquello ni lo otro y mi dieta (en este momento casi vegana)

Pero en aquel entonces era de ¿se puede comer? Pues a comer, aquí sin querer estaba llevando a seguir el efecto compuesto libro escrito por Darren Hardy, (le recomiendo leer aquel libro) en caso de que sienta duda, ese libro al igual que este método trata de lo mismo, pequeños logros hacen grandes situaciones, pero aquí no tratamos de personas de éxito consiguiendo más éxito, aquí tratamos en cómo convertirse en una de ellas desde la nada

Sin importar de qué familia o clase social venga, aquí el éxito si usted decide darse la oportunidad de entenderlo se puede, si ¡todo se puede! Y yo soy prueba de ello, le platicare un poco más de mí, en realidad jamás termine la secundaria como muchas personas más eso nos lleva a que prácticamente sería un fracaso, ¿realidad? Nada que ver ¿Por qué? En el 2011 inicie un proyecto que de haber estado listo (mejor dicho si mi familia y yo hubiéramos estado listos) hubiéramos conseguido un éxito nivel regional (todo México) generando una cantidad enorme de dinero, pero hoy ya comprendo que no estábamos listos ya que de lograrlo este matrimonio estuviera roto y con consecuencias fatales ¿Por qué? Porque hoy tenemos lo que antes no, conocimiento

Pues ya entrados en este tema aprendimos que el cuerpo es una maquina perfecta, tiene la capacidad de sanar o enfermarse, y muchas de esas ocasiones nosotros ni enterados, aprendimos que el estómago es llamado el segundo corazón y si estas estresado nervioso o alterado el estómago lo reciente y podemos generar gastritis, colitis, reflujo, estreñimiento, colon lento entre otras más

Desgraciadamente toda enfermedad nace ahí, en el cerebro, aquel que debe ser nuestro amigo nuestro compa nuestro hermano etc. Y le contare algo que justamente probé con una de mis hijas aquí me dirá ¿usted está loco? Pues si lo estoy, pero con los resultados que la medicina tradicional no puede lograr, ella ya había salido del hospital apenas un día, estaba aún estreñida, los doctores con ganas de pues se toma esto lo otro aquello y no sé qué más (usted no lo haga no aun hasta que pueda aprender y conozca como auto sanarse) ya que si bien su resultado ya dejo de ser el de antes para ello hay que saber qué y porque, ella se ha caracterizado por ser estudiosa y buena alumna, la clásica niña matadita (si tiene o conoce a alguien en ese mal hábito) pues ahí estaba súper estresada y con una gran cantidad de medicamentos a tomar, fue ahí cuando dije ¡ALTO! ¿Qué hice? Pues nada, solo dedicarle tres horas de mi tiempo, si deje mi trabajo

La lleve a pasear por el zócalo, la acompañe a su escuela y le hice ver que viviera el hoy, así como suena, el hoy ¿Qué paso se preguntara? Pues llegando a casa fue directo al baño, sin laxantes ni otro tipo de medicamentos, después se fue a comer a casa de su abuelita así como si no pasara nada, y desde ahí así ha estado, sin tomar más medicamento que el que la vida en su inmensa sabiduría nos ha regalado (y hasta el día de hoy sin medicamentos)

¿Valla locura cierto? Ahora imagine este escenario, vivimos en un mundo donde fuimos programados para hacer y pensar lo que otros quisieron, un mundo donde nuestro cerebro por irónico que parezca no está diseñado para esta época, donde lo que sentimos es dirigido por otro estado de conciencia y nosotros hemos permitido sin querer esa manipulación, pues retomando el tema de trampas mentales que afectan nuestro cuerpo son los estados de tristeza, ira, desesperación entre otras, aquí se pone peligroso si sigue sin aprender a salir de esos estados, ya que esos mismo pueden enfermar el alma, si ¡depresión crónica! Y su pregunta es correcta ¿puede este libro ayudar a este tipo de gente a salir de ese estado? Yo creo que sí, pero le llevara quizá dos años de trabajo arduo para recuperar su vida, su estado emocional su alegría, pero tenga cuidado que mientras esto sucede tiene que llevar la dieta que hoy le han recomendado e ir a terapia

Quizá en algún momento estabas disfrutando de una buena película y de repente así de la nada o entraste en un momento de enojo, de tristeza o desesperación pero como ya sabes de las trampas mentales te quedas con cara de ¿Qué es esto que siento? Ahí pueden ser muchos factores, desde que es un estado tuyo que acaba de tomar control de tu mente o en ese momento tu misma mente pensó que era tiempo de soltar alguna emoción que estaba atrapada y pues nada, simplemente tu cuerpo la está digiriendo, sea cual sea ya tienes que estar consciente de que está pasando, y te explicare como salir de cada una de ellas

Ese tipo de estados o emociones son los que enferman el cuerpo, bueno también los excesos de comida, bebida, fumar u otra índole, cuando tu sientes enojo y lo reprimes en realidad lo que tu cuerpo hace está guardando ese estado de emoción, ahí lo que el cuerpo hace es guardar esa química para soltarla en una ocasión que esté más tranquilo, ¿te ha pasado que de la nada sientes ganas de llorar? Pues ahí tienes pero ¿Cómo salimos de ese estado? Pues simple, solo deja que pase, si en lugar de alterarte y reprimirla más pues suéltala que ahí lo único que pasas es que estés sanando y eso es bueno, sanar ¿o no es eso lo que nos ha traído aquí? ¿Sanar?

Te explicare que pasa en esa máquina llamada cuerpo, si nadie te ha explicado dentro de algún estado de emoción negativo te estás intoxicando, tu mente al igual que una ciudad esa mala emoción genera basura toxica (cortisol) ¿y qué hacemos con la basura? Pues a sacarla pero en una ciudad existen basureros, ¿Qué crees que hace tu cuerpo?

Tu mente ordena "a deshacerse de ella" pero como tú no sabes tu cuerpo lo hace por ti, ahí nacen los dolores de articulaciones o como se les denomina gota, cataratas, corvaduras de espalda, piedras en la vesícula y quizá la peor de ellas (cáncer)

¿Dirás? ¡Esto es falso! lamento decirte que no, eres lo que piensas, cada célula tuya respira come y desecha, ahora suma todo eso en tu cuerpo, un estado emocional enfermo representa un cuerpo enfermo, un estado emocional sano representa un cuerpo sano, pero para eso estamos aquí para ayudarte a sanar, la manera de desintoxicarte es hasta cierto grado simple, busca en YouTube la manera correcta de (inhalar exhalar) quizá conozcas que cuando alguien pasa un susto se les dice come un pan, pues eso es lo más incorrecto, la manera correcta es inhalar exhalar (repetir) ¿Qué hacemos con ello? Simple, ayudamos a oxigenar nuestro cuerpo y a sacar aquellas toxinas que se han generado, quizá estés enterado que a alguien que pasó un susto le dio azúcar ¿no? Pues yo sí a mi esposa, debo reconocer que en ese estado de enfermedad estuve a nada de perderla, si en manos del azúcar, aquí te contare algo que justamente estaba escuchando en la radio (y es real) esa tarde estaba en mi antiguo trabajo escuchando el panda show y sus típicas bromas, nada parecía estar fuera de lugar hasta que la muchacha que estaba haciendo la broma comento lo siguiente que sin duda me helo la sangre, (no pues es un abroma para la mujer con la que está mi papá) fue más que obvia la pregunta del locutor, ¿oye y tu mamá? La respuesta fue quizá un poco cínica pero esa fue su respuesta, es que le dio azúcar y se murió, ¿notas? Así de simple, le dio azúcar y pues que se muere

Diré que igual estuve a nada de perder a mi esposa, pero que gracias al universo que siempre sabe que necesitamos (ojo diferente es yo quiero a yo necesito) y ahí es donde estamos agradecidos por un maravilloso producto, que irónicamente un amigo ya trabajaba y tenía quizá algunas semanas insistiendo que lo probara, (aquí quiero que entiendas, ¿puedes sanar solamente con fe o energía cuántica con cero medicamentos?) si, justamente mientras escribo estas líneas acabo de demostrar cual poder tiene las palabras y la fe, te explicare, el covicho 19 fue echo con una baja frecuencia, la del miedo, por eso los gobiernos tiene que repetir y encerrar a la gente para bajarles la frecuencia, así poder enfermarles y lograr que la gente muera, sea cual sea el caso te platicare que pase ese día (mejor dicho esa noche) me acababa de bañar y estaba en casa como la mayoría de personas que tratábamos de mantener una sana distancia

Así y sin avisar llegaba mi hermano comentándome, oye llevemos el mueble que ya no quieres a mamá (la idea me pareció genial en aquel momento, el holocausto que estaba por empezar era lo bueno que se venía para mí y mi familia, en total 4 semanas de martirio en donde tendría que poner a prueba el conocimiento que está escrito en este libro)

Como decía, me acababa de bañar y la idea de salir con un chaleco y una playera corta parecía buena tomando en cuenta que el clima estaba genial, nada fuera de lugar, me estaba cuidando del contacto y el aislamiento social estaba resultando bien, escuchaba en las noticias las muertes de los demás, de gente que no conocía ni sabía quiénes eran por lo tanto estaba con (esa enfermedad es mentira) lo bueno inicio un día después que así de la nada empezaba con calentura, pero antes déjame decirte que lo qué creemos debilito mi sistema inmunológico fue una desparasitación de 6 días que mi esposa nos había dado

(ideas de esposas que si bien en algunas no estoy de acuerdo la dejo hacer para complacerla) de ahí empezaban 4 días de temperatura que nada bajaba pero como era de esperar como estaban las cosas era más que natural que no fuéramos al hospital ya que estaban los rumores (que hoy están confirmados) estaban matando gente, fue al 4 día cuando de soportar esa temperatura llegaba al límite y sin más así decidí quitarme fuera lo que fuera que en todo caso tenía la fe y manejo de energía cuántica para lograrlo, manejo de respiración palabras adecuadas y estaba funcionando, una diarrea de desintoxicación y un vomito que tire cosas que jamás he visto ni vomitado pero en fin había resultado, los cuatro días resultantes estaba genial (muy débil por el vómito y la diarrea espontanea pero estaba estable y todo parecía genial) (14/04/2020 aproximadamente)

Pues por irónico que parezca eso estaba pasando, era el cuarto día de aquel calvario de calentura cuando tome la decisión que hoy fue (otra vez) más que acertada, decidí empezar a desintoxicarme como sabía que funcionaba, primero fue vomitar todo ese medicamento que en mi pancita ya estaba, (te contare que lo que vomite son cosas que no se vomitan normalmente) unas buenas inhalaciones y exhalaciones concluyeron a darme una diarrea que vacío otro tanto de veneno patentado, y lo último poner hora para sanación, sí, que amanecería totalmente sano, que esa sería la última noche con calentura, decidirlo y declararlo con total voluntad fue la clave de esto, deja decirte que después quede muy débil por la desintoxicación, pero aquí sigo y más vivo que nunca, poniendo en tela de juicio mis creencias, que funcionan y lo sé porque yo las he aplicado

Así estuve 4 días geniales, muy débil como para comer, después de esos 8 días la calentura regresaba (si regresaba pero aquí mi fe mi energía y mis cualidades de sanación estaban muy dañadas como para poder hacerles frente) así que tome la decisión de ir al doctor, unos rayos x demostraban que tenía neumonía nivel 1, mi energía estaba muy molida como para luchar pero aun así fue lo suficiente para mantenerme en casa y vivo

fue así como tomando antibióticos, con calentura en un momento con más de 39.4 y en menos de una hora lograba bajarla a 37.5, quizá parezca nada pero sin paracetamol lo lograba, tristemente en esos días más casos de personas igual a mi jamás lo lograrían, si, conocidos hospitalizados entubados y ahora tristemente muertos, pues diré que el manejo de tal conocimiento me mantuvo si bien enfermo también vivo como para poder contarlo ya que con fe y más logre mantener una temperatura como para jamás pisar un hospital, y sin más energía tuve que mantenerme con medicación pero vivo, (retomemos la lectura)

Pero en aquel entonces nuestra fe no era en nada parecida a la de hoy, así que tomar ese genial producto natural fue lo que había, (te lo comento para que entiendas que todo lleva un proceso) mi esposa fue así como sano muchísimo de esa enfermedad, (Inside Internacional) que también ayudo a mis hijas y a mí, y así era como cambiaba y que de ahí mi esposa a tomar quizá cerca de 10 tipos diferentes de pastillas hoy está ya con dos y cada día más sana, de tener más de 260 de glucosa hoy está por los 140 y bajando, (el día de hoy no tiene diabetes ni tiroides y en casa no se consume medicina tradicional) un gran reto por así decir, un gran camino de enfermedad que estuvo a nada de convertirme en viudo

Si te contara la gran cantidad de dinero que gaste en ella me dirías ¿no sería más económico dejarla fallecer? Una pregunta muy válida, en aquel entonces me aferre a lo único que conocíamos, la medicina tradicional pero que la estaba enfermando más en lugar de sanar, pero diré a todo esto ¡GRACIAS! Hoy aprendimos que las emociones juegan un papel importante en nuestra salud, que aquellos cambios de humor son trampas mentales y nos enferman, que si inhalamos y exhalamos desintoxicamos nuestro cuerpo, ya sea después de un susto enojo o cuando nuestra mente divaga en algún recuerdo que nos lleve al pasado o al futuro

Lo ideal es vivir el presente y nada más que el presente, más adelante te enseñare como estar en paz con el pasado y tranquilizarte con el futuro, para cambiar el pensamiento aquel que nos hace entrar en un estado de enojo hay ejercicios variados en la red, ahí encontraras uno que se adecue para ti, si de repente entras en un estado de tristeza es quizá alguna emoción reprimida que se está liberando, ahí tranquilo acéptala digiérala y continua, si tienes ganas de llorar pues hazlo, es una manera también de sanar

Aquí es bueno que tomes conciencia de bajar calorías, grasas y más, ayuda a eso tomar agua pero ¡ojo! Lo ideal es dejar reposar el agua, (si otro tema de locura) aquí entrare en más detalles pero dejando lo mejor en las lecciones futuras, si piensas que la comida te hará mal pues te hará mal, (conoces el caso del hombre que bajo comiendo subway) y dirás ¿pero cómo? O el hombre milagro Morris godman, tu mente es capaz de hacer y generar una gran cantidad de cosas y situaciones, de ahí **5 pasos para la felicidad** y pues nada, ya te explique cómo sanar la mente y que de ahí como sanar el cuerpo, pero aún faltan muchos detalles más

La mente es capaz de entrar en estados muy crítico como el estrés, eso es capaz de enfermar incluso al alma pero como sabrás nadie nos enseña la manera correcta de pensar, interactuar, vivir, convivir o sentir, incluso a aquellos personajes que deberían, los doctores

Controlando mi cuerpo

Es aquí donde me está dando risa, en este apartado le rebelare por qué las dietas no funcionan, las dietas técnicamente están hechas para bajar cierto peso de golpe por así decir, hechas para gente que quiere resultados rápidos y momentáneos, que no tiene tiempo ni para dedicarse a su salud, todo lo que usted quiera emprender le llevara tiempo, así fue como termino su kínder, su primaria y toda su educación escolar, su educación ha sido a base de años, nada ha sido momentáneo pues así es una buena dieta, es paciencia y control en lo que hace, como le decía líneas antes yo empecé a bajar de peso solo contando la cantidad de tortillas que comía ¿Eso fue todo? Aparentemente sí, pero la realidad es otra, para ello ya a estas alturas ya sabe controlar su mente y por ende controlar su apetito, como le decía no puede quitarse un mal hábito, lo ideal es cambiarlo por otro, lo curioso de nuestra mente es que si podemos aprender algo nuevo pero ya no eliminarlo solo cambiarlo (esto es algo digno de estudiar)

Como le decía, para mejorar su alimentación le recomiendo que empiece a ser sutil y le pediré que anote en una libreta los siguientes datos ¿Cuánto dinero gasta en golosinas? ¿Cuánto en cigarros o cerveza? ¿Cuánto en antojos caros? Sume todo esto por semana y así tendrá un balance de ello, después sume cuánto gasta en doctores, en medicamentes y hospitales, ¿todo ello ha cuanto haciende? Ahora piense un poco, cuanto gastaría en mejorar su alimentación y ya se lo que me dirá ¡es que las dietas son muy excesivas! Y tiene razón ya las he visto y lo que piden, por ello la gente (la mayoría falla) quieren cambiar un mal hábito de golpe y eso no se debe, si usted no tiene tiempo de cambiar de golpe tranquilo que aquí está la respuesta, vea que come y anote casi casi cada cosa, ¿esto para qué? Una vez anotado todo en una lista empiece a ver que puede empezar a cambiar por ejemplo, si está acostumbrado al pan de dulce empiece a comprar pan integral

Primero una vez y deguste su sabor, deje de pensar que esto lo hará por días y días y días, ya que ahí se está causando ansiedad, disfrute el momento y solo el momento, después que se acabe ese pan puede comprar su acostumbrado de dulce, y analice el sabor de ambos así como su preparación y los beneficios, esto es para empezar a reprogramar su mente en los cambios que más adelante estará haciendo, si ya noto no es tan malo comer ese pan como antes lo creía, ahora ya sabe cómo se hace esto, ahora viene el café o él te, y es lo mismo, si está acostumbrado a echarle mucha azúcar pues ya sabe qué hacer, reduzca la cantidad y con ello empezará a acostumbrar a su paladar a este nuevo sabor, y lo sé porque así mi esposa dejo de tomar café con azúcar

Esto debe hacerlo en todo, primero agregue algo de verduras a su dieta, acostúmbrese a comer lo que antes ni quería ¿sabe? algunas de las comidas no le gustan porque quizá su mamá de pequeño le metió la idea que algo sabe feo solo porque a ella no le gustaba, y esto ya sabe cómo es, a base de repetición, por ello piense con calma que le gusta y que no y quien le metió la idea de que algo no le gusta, es así como logra un verdadero cambio en su dieta, después de un mes notara cambios reales y sin rebote, y lo mejor es que usted mismo habrá tenido ese logro, quizá valla con algún nutriólogo en caso de sabermás si tiene tiroides o azúcar y él puede recomendarle algún tipo de comidas o dieta a llevar

De hecho esto también funciona cuando usted quiere hacer ejercicio, pero ahí los detalles son algo diferente, primero si está motivado acuda al gimnasio 5 días a la semana el primer mes, el segundo mes acuda 3 días a la semana, y el tercer mes solo dos por semana ¿Por qué? Esto es para que no se aburra y deje esa rutina, ya que al principio estará motivado, pero la motivación se acaba, ya para entonces lograra avances más correctos como para cambiar de la motivación a la determinación, es algo así con la dieta pero al revés ya que si cambia toda su forma de comer su estómago lo resentirá y puede darle algún dolor estomacal, ya que para ello debemos de ir acostumbrándonos a una nueva alimentación, y es así como después de lograr una mejor dieta puede darse el lujo de vez en cuando comer todo lo que quiera sin sufrir el famoso rebote ¿Genial no?

Conclusión

En esta segunda lección aprendimos que nuestro cuerpo está muy ligado a nuestra mente, y que si nuestro cuerpo enferma puede colapsar a nuestra mente y ambos a nosotros ¿Pero cómo puede ser esto posible? De hecho esto es más complicado de lo que parece, a simple vista nosotros aparentamos llevar una vida sana, un trabajo estable, un matrimonio regular, cuando escribí este libro aunque ya sabía demasiados temas aun me faltaron detalles por anotar, es así que esta es su tercera edición, le explico, desconozco el porcentaje real de las muertes por ideas de nuestros antepasados ¿Cómo? ¿Conoce la epigenética? Googlelo, en ella encontrara que la información con la que vivimos todos los días resulta ser de alguien de nuestra línea genética ya sea mamá, papá, abuelos o bisabuelos, aun cuando nosotros queramos lograr cosas sorprendentes por más que lo intentemos no podemos ¿le suena esto conocido?

Como escribí en líneas anteriores somos seres que buscamos la aprobación de los demás, en especial de nuestros padres (si quiere saber más del tema busque mi otro libro **Vida ¿En matrimonio?** Lo encontrara en su plataforma favorita

Ahí estoy narrando porque el 95% de los matrimonios en el mundo son co-dependencia y cuáles son las causas que nos llevan a ese estado, en este libro mi enfoque fue más global y me parece ambos libros se complementan, si usted busca en la red temas como (biodescodificacion, reconversión, constelaciones, programación neurolingüística, reflexología, barras de Access y otras más aunque suene a charlatanería son ramas que día a día se están extendiendo poco a poco, la cantidad de métodos y formas para sanar sin lo tradicional están creciendo continuamente, y sé que me preguntara ¿Por qué alguna de ellas están fallando? De hecho no fallan, el problema que muchos terapeutas con los anteriores ramos están saliendo de escuelas donde solamente le enseñan el método sin la práctica por ejemplo ¿Por qué después de más de un año con esta afectación sigo vivo y mis conocidos no? Al final de este manual le diré un poco mas

Como Sanar El Alma

Antes que nada en esta lección quiero pedirte algo, lo que aquí tratare no es con la intensión de lastimarte o llevarte a un estado para crear otro libro y vendértelo para sanar, en esta lección lo que busco es que sanes por completo, de echo aquí nos pondremos cerios ya que tocare temas de los cuales también yo trabaje y tuve que sanar, quizá sientas odio rencor o detestes a alguien en especial, aquí nadie juzga a nadie, ya te mencione que hay palabras fantasmas, palabras trampas y palabras potenciadoras así como palabras negativas, y que por muy loco que parezca todas esas emociones traumas y mil cosas más tienen peso en tu cuerpo ¿Cómo te preguntaras? Porque todo es energía, tu cuerpo tu ropa, tus muebles, tus pensamientos, todo es energía y todo tanto lo que ves como lo que sientes ocupan un lugar y tienen peso, por irónico que parezca lo es, como la culpa, el miedo, la perdida de fallarle a alguien, cuando vienen y te hacen enojar u otras cosas demas

Ahora imagino que ya sabes controlar más tu mente, y que atreves de ello pudiste localizar ciertas dolencias en tu cuerpo y ya estás trabajando en ello, si es así ¡FELICIDADES! Me gustaría tenerte enfrente abrasarte y llorar junto a ti ¿Por qué? Porque al igual que tu yo aún necesito un abraso, un estoy mejor gracias, te contare algo de lo cual sin querer o sin buscar la vida me regalo

Una de mis hijas ya estaba por terminar el bachiller y estaba a nada de entrar a la universidad, ¿genial no? Pues sí, pero estaba en crisis, se hacía muchas preguntas y empezaba a enfermar su alma así que hice lo más sensato, una plática de amigos fue lo más correcto y de echo sin saber ese consejo llegaría mucho más lejos de lo que en realidad estaba destinado, ahí es donde la vida me da a entender que en realidad esas pérdidas que abarcaron más de la mitad de la misma fueron y son para aprender y ayudar a los demás a como sanar o como ayudarse a sanar

Justamente cuando estaba iniciando en esta enfermedad (según yo ya había trabajado en todo aquello que podía hacerme daño) pero algo más estaba ahí, si, algo estaba aún mal y seguía sin saber que era, ya reconocía las trampas mentales y podía reconocer cuales eran capsulas que se rompían en el momento que mi cuerpo o mi mente creían era hora de digerirlas, estaba en paz con todo y con todos y estaba agradecido por ello, que cada persona era necesaria para ayudarme a mi crecimiento, ¿pero? Si, el pero, Algo más me estaba causando peso, algo más me estaba martirizando y seguía sin saber que era

Aquí te pido que entiendas que no todos tenemos la misma capacidad de resilencia, que hay jóvenes que tanto por situaciones pequeñas como por situaciones más grandes se suicidad ¿triste no?

Los hay desde los que por castigarles un celular, por no pasar en la universidad o por bullying, sea cual sea el caso (y te acabo de mencionar casos reales) hay que entender que cada quien carga un peso distinto, para ti podría ser algunas de las anteriores cosa de niños, hoy sé que no, ya que así estuvimos a nada de perder a mi hija menor casi 3 años de bullying, aparentemente estaba muy estable fuerte algo que le reconocíamos y nos sorprendía (la realidad era otra) pero como entenderlo en aquel momento, si apenas estábamos aprendiendo a saber todo lo que hoy sé que es real, ella empezaba a cargar un peso que aunque invisible estaba ahí, mermando su mente, su cuerpo y empezaba a enfermar, nada de estos detalles podíamos ver ni mucho menos entender

Pero bueno, cada situación o perdida me estuvo enseñando cosas nuevas y mejores, me estuvieron enseñando para que hoy tu tengas en tus manos **5 pasos para la felicidad** en mi vida se estuvo probando prueba y error para que hoy tu sepas que funciona o que no

Retomando el tema de como sanar el alma, lamento tener que decirte que navegaremos por ese inmenso mar de recuerdos, ya que desde ahí empezaremos a trabajar reconocer aceptar agradecer caminar y salir de aquellos dolores que inconscientemente están ahí y nos son impedimentos para ser felices en el aquí y ahora, no en el pasado o en el futuro, donde en uno ya paso y nada de arreglo tiene y en el otro somos nosotros quienes lo formamos moldeamos y hacemos posible, sea esto lo que queremos o no al fin de cuenta si lo pensamos lo atraemos y lo manifestamos

Que cada emoción negativa tiene peso y forma, así que como lograr todo aquello que te llene de felicidad si llevas cargando personas enteras ¿cargando personas? Si por eso tu vida es como es, desde que alguien viene a quejarse o se enoja o te mira con odio, todas esas emociones son basura toxica que ahora la cargas tú, mientras que ellos ya contentos ven cómo te hundes con basura que no es tuya, aquí el tema es muy extendido y abarcaremos de todo así que empecemos con los detalles

Por eso iniciamos en como sanar nuestra mente mucho antes de como sanar el alma, ya que la primera lección era prioritaria para sanar cada parte que después tenía que ser sanada, ahora usted es capaz de recordar ciertos episodios en su vida sin que estos le afecten mucho emocionalmente y que ninguna dolencia termine siendo desencadenada por tal recuerdo, aquí en este punto de este libro si las cosas se han hecho y trabajado podemos avanzar en la siguiente dolencia, nuestra alma, que incluso ella aunque no la podamos ver existe y también enferma, así que ya es hora de sanarla y desde la raíz

Ahora que pudimos quitarnos esas ideas limitantes podemos ver y comprender mejor cada situación que nos ha traído hasta aquí, que esos arranques de celos enojos o simplemente por joder nos arrastraron hasta situaciones que llegamos a lamentar con tan malos resultados, aquí queremos recordar nuestra vida sin más dolencia, como dice el dicho, si lo recordamos sin que duela habrá sanado

Ahora sí puedo decirle que cada emoción tiene peso y masa, y ocupa su propio lugar aunque no podamos verla, en este punto espero ya comprenda que todo es energía sea esta positiva o negativa sigue siendo energía, de eso imagino que ha escuchado ya algo, que los científicos siguen sin comprender que si todo es energía porque no podemos manipularla como tal

Aquí esto daría para otro libro y explicación, una en la que ni yo quiero meterme y que para eso no estamos aquí, aquí estamos para ayudarle a sanar el alma, a que tenga la resilencia como para pensar en algunos hechos de su pasado sin que estos duelan más, que también vivimos de recuerdos, pero entendiendo que eso son, solo recuerdos

El Enemigo De Mi Vida

Sabes, a pesar de venir de una familia pobre he humilde mi mamá tuvo infinidad de oportunidades de casarse con hombres de buena posición lo que pudo traerme a esta conclusión, de ser eso así o yo jamás hubiera nacido o si lo hubiera hecho jamás hubiera aprendido todo esto y jamás se lo estaría narrando a usted, pero continuemos, como mi mamá eligió este futuro yo bien podría quejarme de todo esto, ya que la vida de mi hermano y la mía cambio o mejor dicho tenían que ser las cosas así tal como están ahora, pero lo que si tenía yo en mis manos fueron dos posibilidades, agradecer por esta vida donde sí puedo cambiar las cosas o quejarme y seguir siendo víctima de situaciones que es mejor culpar a los demás que trabajar en cambiar

¡Valla mi Madre! Me dio una vida difícil, me dio un padrastro, tuve abandono, por su culpa mi hermano a los 8 años se fue de casa con unos tíos, fui tímido y gracias a ello la niña de la que fue mi primer amor la perdí y no tuve el valor de luchar para casarme con ella ¡A mi Madre!

¿Notas? ¿Tengo cosas para reclamarle? Pues claro pero continuemos

¡A mi esposa! Berrinchuda miedosa, gracias a ello los nacimientos de mis hijas fueron un infierno, porque me case con una mujer enfermiza la cantidad de dinero que tire en ella, por su culpa viví casi 19 años de miseria, yo y mis hijas siempre nos quedamos con ganas de viajes buena ropa y lujos de más ¡A mi Esposa!

¡A mi hermano! Por su envidia aquel proyecto que es capaz de generar muchísimo dinero quedo tirado, por sus celos aquel esfuerzo de crearlo quedo en calle o en la basura, su inestabilidad emocional hizo que jamás pudiéramos ser buenos hermanos y que hasta sigamos sin poder limar aquellas rencillas a pesar que intento ayudarle para crecer ¡A mi hermano!

¡A mi padrastro! Por ser mujeriego todas aquellas oportunidades de dinero fueron tiradas, de que sirve que hoy ya dejo de tomar, si eso se necesitaba antes no ahora ¡A mi Papá!

Es fácil poder enfocarnos en las cosas negativas de cada persona que si ¡A mi jefe! ¡A mi suegra! ¡A mis cuñadas! ¡A mi trabajo! ¡A mi casa! ¡A que si yo! Quejarnos resulta muchísimo más fácil que afrontar los hechos y cambiarlos por ejemplo, usted pide algo de comer a una fonda y le traen huevos con arroz, pero usted pidió arroz con caldito de poyo, ¿Qué aria? ¿Quejarse de lo que le han traído mientras se lo come o pedir y corregir lo que en realidad estaba queriendo? Y no se ría por este ejemplo pero así es su vida, se queja mientras la vive en lugar de confrontarse a usted mismo y cambiar aquello que no quiere

Aquí es donde tengo que decirte que si bien donde naciste o de que familia no es tu culpa, lo que tienes justamente hoy si lo es, aquí quiero que sepas que justamente lo que tienes hoy es un remanente de tu pasado, si te duele algo o aún hay recuerdos negativos solo son remanentes del mismo, y como te comente te generan peso real, así que sigamos para ver como desacerté de ello

Pues sí, parte si es tu culpa, quizá por enfocarte en aquello que no querías ¿te sabes el dicho de? ¡Lo que no quieres ver en tu casa has de tener!

Pues ahí está la respuesta, primero quiero que entiendas que esa programación impuesta a tus padres a tus maestros a tu novi@ y su familia a estado regida por personas económicamente poderosas de ahí el dicho ¡si tú no planeas tu vida alguien más lo hará y te diré que no han planeado mucho! Ahora imagina el siguiente escenario, mi esposa se parece a mi suegra, una de mis hijas se parece a ellas dos y con mi suegra tuve casi 20 años de pleitos que parecían interminable ¿notas?

Aquí lo curioso de la mente que si tienes pleito con alguien tu mente en automático enlaza la persona parecida y le tiene el mismo enojo que la persona principal, por eso en un matrimonio cualquiera de los dos papás si llega a estar muy molesto con su pareja esta puede llegar a sentir el mismo enojo con los hijos, y más si este tiene parecido con la parte detestada, en eso estoy agradecido ya que trabaje años en que eso dolor jamás se convirtiera en odio y funciono

En esta vida notaras que tenemos muchos enemigos, desde el compañero de trabajo vecinos amigos ex o algún(a) persona que se quedó con ganas de masticar nuestros huesitos, aquí las posibilidades son infinitas, (crees en la brujería) pues la hay pero aquí no es lo mismo envidia a desearle mal a alguien, sea cual sea el caso más que brujería es el manejo de energía cuántica, en realidad no hay más enemigo que uno mismo, quizá notes que tu casa por más que limpies la sientes mal o deseas estar fuera de ella, principalmente manejamos dos frecuencias, miedo y amor, y ambas están en polos opuestos, la primera vibra muy bajo y aun desde ahí puedes manifestar tus logros, pero nadie te dice que existe otra frecuencia, la del amor, ella vibra a otra altura, te permite lograr cada objetivo fácil y sin esfuerzo ella te permite sanar curar y lograr cosas que para muchos son imposibles

Como te decía, podemos llenarnos de enemigos o podemos llenarnos de felicidad, por eso tenemos que trabajar en nuestra alma, (quizá creas en ello quizá no) me refiero que cada situación del pasado nos duele como si fuera ayer, quizá una infidelidad una pérdida de trabajo algún familiar un primer amor un celular un momento o lo que sea, ¿pero cómo trabajar en ello?

Algunos ejercicios que te explicare más adelante son necesarios para sanar aquellas áreas que aún persisten en existir, que duelen lastiman y nos imposibilitan a seguir en nuestro día a día, como ya logramos entender nuestra mente es programable y siendo esto así pues cambiemos esos dolorosos momentos y cambiémosle la emoción de dolor a comprensión, como le dije antes, en nuestra mente nada podemos quitar, lo que si podemos hacer es cambiar, le diré si usted tiene un muy mal hábito de lo que sea ya se amoló si no lo entiende bien, ese hábito jamás se quitara, la única forma de lograrlo es cambiarlo por otro de carga contraria, entienda que hay dos tipos de energía, positiva y negativa, (salud = positiva) (enfermedad = negativa) (mal hábito = negativa) (buen hábito = positiva) cuando entienda esto podrá mejorar a niveles que antes ni soñando logro imaginar

De hecho platicando con un psicólogo que hace regresiones mentales nos comentaba que cuando eso pasa y recuerda la persona algún golpe, maltrato o daño, en este presente se vuelven a formar los mismos daños que en aquel entonces, así de magnifica es la mente, pero para ello y lograr lo extraordinario hay que aprender a tener un manejo muy grande, es así como se puede usted mismo quitar una migraña hasta un cólico (sea cual sea el caso) y con ciertos ejercicios lograr cambiar dolencias por salud, desde mental espiritual como emocional

Te contare un chiste y me parece algún famoso (no recuerdo bien quien fue) lo dijo mientras estaba diciendo, ahí frente a todos contaba un chiste y por lógica la gente se reía, después prosiguió contando el mismo chiste y de ahí ya poca gente aún se reía, continuo otra vez con el mismo chiste con lo que ya muy poquísima gente aún se reía, él mirando a todos después de un momento de silencio les decía, ¿porque no han reído igual las tres veces que he contado este chiste? ¿Porque?

A pero si se tratara de recordar algo malo ahí sean las veces que sean les duele, ¿notas? Esto es real y lo que estamos trabajando aquí es que ya no duela más, que dicha es poder sentarnos a la mesa y poder platicar de algún tema pasado (que como le dije también vivimos de recuerdos) ya que así afianzamos lasos y hacemos amigos de verdad, desde los momentos presentes hasta de los recuerdos, la manera en que vemos la vida puede darnos recuerdos buenos o recuerdos malos, y de ahí podemos llenarnos de amor o de odio, de buenos deseos o de envidia, ya se lo que usted me dirá, oye pero yo viví momentos de hambre y abandono, fui violada y violentada, y de eso le doy la razón, desafortunadamente esa parte de su vida es más difícil de comprender, y me faltarían líneas para explicarle con lujo de detalle el porqué de su vida, pero aun en esos episodios de su pasado usted desde él ahora puede cambiar el cómo recordarlos, y lo sé porque lo vi, una persona violada, tratada por un especialista y él le decía, podemos trabajarlo, te dolerá pero créeme será la última vez que te duela

Y así fue, al otro día contaba la misma historia pero desde otro punto de vista ¿nota? Dese la oportunidad de ver las cosas desde otro ángulo, sea cual sea el episodio en que lo vivió, dese ese privilegio de recordar pero desde otra emoción que no sea odio o rencor, cambiemos la forma en que pensamos y cambiaremos la forma en que platicamos de nuestro pasado y la manera de hablar de los demás, sin dar más critica que la que ellos ya se han dado

El amigo de mi vida

Aquí prácticamente será lo mismo que líneas antes pero ahora al revés ¡Gracias mamá! Cuantas cosas geniales nunca vi de ti, como poder juzgarte si ahora que soy adulto también hice cosas malas he incluso hasta peores, ahora que soy padre entiendo tu abandono, jamás me abandonaste al contrario fuiste una súper mamá que a pesar de tus limitaciones lograste educarme, cuantas veces te quitaste algo de la boca para darme a mí, ahora que lo pienso mejor, fuiste la mejor mamá del mundo, tus horas de dedicación al trabajo fueron para darme de comer y poder vestirme

¡Gracias esposas mía! Por mis arranques mis celos e inseguridades, por permitir que en ti desahogue todas esas ganas de tener sexo, por tener comida ropa limpia una casa ordenada y que hoy a pesar de que lo hice con chantaje has crecido, por apoyarme económicamente emocionalmente y espiritualmente

¡Gracias hermano! Sé que tienes trampas mentales así como yo en algún momento tuve, que diferentes serian esas reuniones familiares sin más persona que la mía, quizá nunca estuviste como hermano mayor cuando niños, pero estuviste ahí cuando estaba aún en mi crecimiento para ser aquello que requería ¡gracias!

¡Gracias a quien ha sido mi papá aunque no de sangre! Ahora entiendo esa actitud y diferente pensar, como juzgar a alguien que me brindo esa figura paterna, por todos los berrinches que aguantaste y ser conmigo la mejor versión de ti para mí, por estar atento cuando enfermaba o necesitaba algo, por ser parte en ti de esa vida vacía que hoy se si fue abandono ¡Gracias!

Quiero que entiendas que con las líneas anteriores notes es fácil quejarse o maldecir, eso cualquier persona en cualquier momento y con la surda, pero dime ¿quieres sanar el alma? Esta está muy ligada a la mente y la comprensión total de ambas es muy complicada, la mente tiene y almacena recuerdos como o igual que una computadora, pero en el alma existen ciertos detalles que la mente no puede comprender, recuerda la película (la serpiente y el arcoíris) donde investigaban ese tipo de rituales llamado vudú, pues es real, todo, ¿Por qué lo digo?

Porque además de estudiar la mente, el cuerpo, el alma, la manera correcta de hablar, de energía cuántica, o en este caso que ya puedo presumir que soy Coach en Programación neurolingüística, he estudiado de cerca la brujería y ver qué y desde donde funciona y porque, así que hoy le puedo narrar con hechos que si existe un alma y junto con la mente ambas forman un todo y ambas pueden enfermar por aparte, bien dicen que el agradecimiento es la madre del perdón, cualquiera hipócritamente puede decir ¡TE PERDONO! ¿Pero quién en su sano juicio puede dar gracias por la vida que nos ha tocado? Exacto nadie, aquí trato de explicarte que nada llega a ti por casualidad, nada, si usted agradece por la vida que le ha tocado muy sinceramente una parte de usted (en algún lado del cerebro donde quizá este alojada la casa del alma) puede sentir un alivio o mejor dicho, puede quitarse un peso que le hará la vida más fácil, esto se puede lograr sin algunos ejercicios neurolingüísticos, pero hay recuerdos que pueden manipularse y cambiarles el estado emocional, si lo sé , esto es demasiado complicado aún para mí, o quizá este sea mi ramo en el que tengo que aprender he investigar para ayudar a más gente a comprender un todo

Quizá tu vida fue cruel y podrás quejarte de ella pero créeme si te digo que las hay peores, una persona que impartía un seminario muy así tipo ¡vaya sujeto cuanta estabilidad emocional! de seguro viene de casa de papi y por eso muy estable, ¿correcto? Pues no, su niñez de miseria, juventud de infierno y por poco no la cuenta, abusado sexual, drogadicto, vendedor de la misma, pierde un hijo, adopta otro, mirando al cielo pidiendo morir, etc. Nadie la vive fácil, tus padres tus hermanos tus amigos tu novi@ tu jefe tus compañeros de trabajo tu ex la familia de tu espos@ y así, podría extenderme por horas pero eso ya fue, es pasado es adiós y nunca vuelvas, de aquí en adelante es presente y hoy, todo lo que quieras recordar es para agradecer y ser feliz por quien eres hoy, si fuiste agredido, si fuiste ignorado humillado o violentado, porque créeme tú también lo hiciste, pero como te dije eso es pasado, de aquí en adelante te hablare en presente, en hoy y de aquí partiremos con los ejercicios que te liberaran y te llevaran hacia una nueva vida, así que ¿te apetece un buen te para festejar?

Cada persona que ves y te encuentras en la calle, en el trabajo o donde sea tiene un pasado, ya sea este igual o diferente del tuyo también vienen de un pasado, quizá veas aun junior y pensaras ellos la tiene fácil, pues no, tienen "todo" eso parece cierto pero, ¿sabes cuantas horas al día se la pasan solos? Y de eso créeme lo comprobé con una situación que por motivos muy personales me es imposible comentar aquí, aunque este sea mi libro y tenga todo el derecho legal de platicarte aquello no lo hare

En pleno 2019 me tocó ver (antes se les decía tardeadas) como casi niños de secundaria iban a las tan mencionadas fiestas clandestinas, como podía ser esto posible, prácticamente niños a este tipo de fiestas y algunos llegando en coches, pues fácil (y no juzguemos) es una manera en que los padres prefieren deshacerse de sus hijos y así se libran de ellos, ponerle atención a un hijo es algo difícil y lo sé porque tengo dos, ¿pero cómo cambiarlo? De hecho eso es fácil y el cambio inicia en nosotros y no en ellos, pero nuestro campo energético les ayuda sin que ellos sepan cómo lograr cambios, ¿le sonó esto con demasiada locura? tranquilo que así suena al principio pero en líneas mucho más adelante lo entenderá y lograra hacerlo y cambiarlo con facilidad, en todo

Aquí quiero que pienses lo siguiente, estos padres al igual que tu antes de este libro aún viven dentro de ideas obsoletas, viven en automático, manejados por emociones y en estados inconscientes, pensando en que tienen la razón y de eso nadie lo puede negar, quizá los resultados no sean los que quieran, pero si ellos como tú y como yo tenemos la razón los resultados son justamente lo que nosotros hemos cosechado, sean estos buenos malos

La cantidad de técnicas que la Pnl trabaja son tan variadas que nos ayuda a cambiar ideas o miedos que incluso parecieran eternas, no importa cuántos años has padecido o vivido en ellas, se puede modificar la mente en tan solo unos 20 minutos con efectos permanentes, como mis mentores han dicho, la sanación no debe ser nunca tan dolorosa

Gracias

Pues ahora somos capaces de esta lección, toma hoja lápiz y manos a la obra, como dije de aquí en adelante cualquier cosa que recordemos será para agradecer y justamente eso haremos, ¿listo? Pues que aremos, un diario de agradecimiento y no, no estoy loco pero es necesario para terminar con aquella locura a la que llamábamos vida, empieza a anotar a tus papás, hermanos, y de ahí cada persona que se ha cruzado en tu vida, pero tranquilo espera que aún faltan más instrucciones

Así como yo te mostré anteriormente en (el amigo de mi vida) así tienes que hacerlo, por ejemplo, quizá hoy estés divorciado y como te hacen las tortas de buche tu ex y su familia, ¿cierto? Pero de seguro en esa relación hay un descendiente tuyo, vaya lio, pues si, gracias a tus ex suegros que en calor de lo que sea tuvieron aquel ser que hoy llamas basura y te hizo la vida de infierno, pero espera tranquilo quedamos que sería recordar para agradecer, pues ahí lo tienes, tu hij@, ese ser que también lleva tu sangre y por el cual darías la vida, piensa un momento sin su presencia ¿te conmociona cierto?

Pues gracias a ese amigo que me presento a aquel chic@ y que en su mejor momento me quite y disfrute todas las posiciones sexuales que conocía (porque yo también lo hice)

Pues bien continuemos con este diario de gracias, desde tus padres que seguro que tienes recuerdos geniales en ellos y que o bien dieron lo que pudieron o lo que quisieron como sea, pero antes se me olvidaba una buena caja de clínex que aquí se pondrá de llantos, aquí explicar más detalles es difícil ya que quizá tu papá o mamá fue de un humor difícil como para recordar o ya está muerto o jamás lo conociste o lo que quieras argumentar, el caso es que gracias a quien sea estas aquí y la vida te ha dado algo por que agradecer, ¡pues ahí lo tienes!

Te podría poner mil situaciones en las que fuiste engendrado o educado pero es pasado y si estamos recordando es para gradecer, ya que gracias a esa vida de excesos de los que te dieron vida hoy o tienes un matrimonio estable o de un ex un hijo o que se yo, el caso es agradecer y ya mencionando a mas pues así, gracias papás (anotar) gracias herman@s (anotar) gracias amigo (anotar) y a todos a aquellos que se han cruzado en tu vida, ya que todos tuvieron y tienen algo que enseñar, desde la persona más adulta hasta la más pequeña, todos tenemos algo de sabiduría en algún momento

Por eso así fue escrito **5 pasos para la felicidad** ya que si hubiera empezado diferente estarías más que confundido y creme que aún lo estarás ya que como dice el dicho, si naciste pobre no es tu culpa pero si mueres pobre si lo es, todo lo que está hoy en tu vida solo es remanente de tu pasado el futuro es lo que estás haciendo hoy y solo de ti depende si has decidido a ser feliz o continuar bajo el efecto fuiste

¿Y porque escribirlo? Porque esa es la manera que el cerebro tiene para definir o asimilar los cambios en nuestras vidas, de hecho eso puedes corroborarlo en el gran hermano (YouTube) esa es una de las dos maneras de soltar lasos emocionales, escribiendo lo que quieres y hablándolo, ¿listo para la manera correcta de hablar? ¿Otra tasa de te? Créeme te hará falta para lo que viene, o si gustas alguna copa de vino para entrar más en la locura, una buena cerveza, un trago de agua etc. Nada de lo aquí escrito fue fácil de digerir, de echo fueron años de dura realidad hasta que igual pude comprender lo vivido, dar gracias es una de las cosas más difíciles que he tenido que hacer, pero solo así he logrado soltar peso y emociones que si bien parecen solo estar ahí tiene lugar peso y forma, aquí están escritas verdades que nadie dice y todos ocultan, pero eso no importa, lo importante es que hoy se están escribiendo y puedes entenderlas mejor, así puedes ser feliz sin más esfuerzo que el que tú has decidido darle

A cualquier tema que tú sientas incompleto recuerda que YouTube ofrece contenido similar que aquí te he estado explicando, un poco aquí un poco allá y entenderás más, sea cual sea la situación que viviste recuerda agradecer, aquí en casa imagino cuales pudiste vivir, y algunas de ellas deduzco que fueron muy duras, quizá alguna violación, un hijo no deseado o mil cosas martirizantes más, pero tienes que hacerlo, soltarlo y dar gracias por cualquier situación que has vivido, ya que como te comente en algún momento, la vida nos lleva donde debemos estar, aunque no queramos, quizá esa situación aún no llega, en caso de ser así tranquilo, todo tiene su tiempo esfuerzo y recompensa, ¿conoces el caso del Coronel Sanders?

De cómo un hombre de 62 año sin más que perder, logra fundar una empresa que hoy por hoy seguro has probado de su comida, aquí quiero que entiendas que quizá tu tiempo aún no está por llegar o aun estas sin entender que esa desgracias en tu vida está por cambiar a bien, sea cual sea el caso da gracias, quizá sea hoy o quizá sea mañana cuando entiendas lo que la vida te está dando

Hay ocasiones que es así, la vida tarda años en demostrarte el porqué de las cosas, de ser así que mejor que empieces a dar gracias hoy en lugar de mañana que en todo caso el tiempo siempre es perfecto y por algo estas pasando lo que estás pasando y lo sé porque yo lo viví, una mala situación ¿quedamos en recordar para gradecer verdad? Viví una experiencia que si hoy me preguntaran si la viviría de nuevo mi respuesta seria si, 7 años me llevaron a ser lo que hoy soy y de eso estoy súper agradecido con la persona que impulso este cambio, uno que jamás hubiera logrado sin la ayuda de la misma

Solo ten calma, la vida es sabia parezca lo que parezca lamentablemente es así, nada llega a ti por casualidad y nada pasa por error, sea malo o bueno todo tiene un porque en tu vida y de ser así mejor aprende a la primera que recuerda lo que se dice, la vida te da una lección y si no la aprendes te la vuelve a aplicar hasta que aprendas de ella

En aquellos momentos de nuestra vida, (que afortunadamente ya son recuerdos) también tuve momentos amargos que en esos días me preguntaba qué y porque estaba viviendo aquello (y como te comente en líneas anteriores me niego a escribir una parte de mi vida donde estuve involucrado en una afortunada situación de más de 7 años)

Lo que si te puedo comentar que aquello fue tan grande como para sacarme de mi zona de confort, así como también diré gracias por todo aquello vivido, esos años me llevaron a entrar a un estado de tal tristeza que sin aguantar más empecé a buscar salida de aquel camino ¿notas? En esos días al igual que tú yo me preguntaba por qué vivía aquello sin encontrar respuesta alguna y mucho menos que alguien más me ayudara a salir de aquel infierno

Conclusión

Hay muchas maneras de lograr sanar la mente y el alma, ambas son tan parecidas que quizá no notemos diferencia una de la otra, le explicare más a profundidad, ¿ha escuchado de viajes astrales? Una parte de nosotros es capaz de desprenderse y hacer viajes a lugares diferentes, lo sé porque también lo he hecho y he logrado un desprendimiento parcial de la misma, (no se lo recomiendo) ¿Por qué? Es un tema complicado y fuera de lugar en este libro

Si usted aprende a agradecer con total sinceridad puede quitarse peso y ver la manera de otra perspectiva, también lo puede lograr con algunos ejercicios de anclaje y concentración pero para ello tiene que ver un Coach para tal tarea, pero a mi punto de vista tiene que lograr ambas tareas, ya que si bien puede cambiar las emociones con trabajos mentales no lograra un cambio total sin sanar el alma

La sanación de la mente está ligada con este módulo pero primero tenía que entender que usted puede elegir quien ser y no lo que le han dicho que sea, comprenda que nada aquí es fácil de digerir, a mí me llevo años y años de preguntar, yo aquí le revelo donde y como trabajarlo, pero de usted dependerá que en estas líneas está escrita mucha verdad, esto ya es conocimiento más avanzado, ¿Por qué? Usted, Su Cuerpo, Su Mente, y Su Alma son un todo, si bien pueden enfermar por aparte cada una pueden enfermar a las demás, pero que también puede sanar cada una y lograr todo aquello que ha estado soñando, le adelantare, esto está dividido en módulos como (Sanar x) si lo que quiere es lograr felicidad plena deberá entender comprender y llevar a cabo cada sanación de cada parte de usted, tenga paciencia que aún falta un módulo más y después de ese le explicare donde está la verdadera base del éxito, de como esos hombres lo lograron y porque su envidia a los demás

Manera Correcta De Hablar

Pues bien aquí esto se pondrá interesante ¿aún más? Si, aun mas y lo que falta, pues tomando gramática vocablos verbos sustantivos y todo ese rollo pues nada, que aquí eso va de otra mano, retomando un poco lo ya aprendido estamos conscientes que nuestra mente es profesional para meternos en estados de tristeza que nosotros ni enterados y que afortunadamente hay muchas maneras de salir como escuchar música, leer un buen libro, salir a caminar, ejercicios de respiración es una de las tantas maneras que hay o contar del 1 al diez y al revés, que otras más es otro estado emocional que toma control de nuestras vidas mientras nosotros estamos en modo automático (ver película clic con Adam Sandler para mayor referencia) que nosotros somos más que un estado cerio, triste, enojado, tímido o cualquier otro que se le ocurra

Que nuestro cuerpo es tan sensible que si comes esto o bebes lo otro que si te estresas lo enfermas que si te pega el frio el calor o ambos, que se intoxica con tanta facilidad por medicamentos comida en mal estado o algún coraje, que así como un ciudad batalla con su basura así tu cuerpo a la hora de algún susto coraje o estado emocional, pero que ahora ya sabes cómo trabajar y lo que te falta por saber que incluso las mismas palabras lo enferman ¿esa no te la sabias verdad? Pues sí, las palabras potencian cada estado emocional (como dice algún dicho) cuida las palabras que dices, ¡rayos si lo sé! Cuida lo que piensas, cuida lo que comes, y ahora cuida lo que hablas, ¿difícil no? Quizá es mejor como estabas antes pensando lo que bien te parecía tanto del pasado (que ya fue y vale para nada) como lo del futuro (que justamente lo estas atrayendo) comiendo lo que más te daba la gana, comida llena de grasas condimentos, químicos venenos y cuantas cosas ricas al paladar pero dañinas para el cuerpo, y a eso te salgo con cuidar las palabras

Bueno pues que te diré, quizá cuando adquiriste este libro pensaste aquí trae la fórmula esa toda mafufada que te ayudara a ser feliz así sin esfuerzo y siendo la misma persona con malos hábitos que alcanzara la felicidad esa que cualquier libro promete como, ¡sea feliz con repetir esta u otra! O esta crema le traerá la belleza sin dejar de comer basura o desde el sofá como atraer dinero

El secreto de no sé quién o no sé cuándo, (porque yo también leí o vi esos videos) y pues nunca vi que funcionaron, pero de que lo intente lo intente

La gran cantidad de contenido en el gran hermano es tan inmensa que podrás ver videos todo el día y aun así estar igual de maleta que antes o quizá un poco sabio (según tú y tus malas ideas porque también lo hice pero bueno)

Ya un poco serios retomando el tema pues si, como dije en algún párrafo, hay palabras fantasmas, palabras mentiras, palabras negativas, palabras positivas, palabras neutrales y todas ellas junto con nuestra hermosa graciosa he indispensable mente (junto con esa mala programación de televisión, religión escuelas profesores amigos papás y muchas cosas más) estamos atrapados en un mundo de caos dolor rencor odio y toda cosa mala, pero irónicamente nadie te dice ¿eres feliz? O ¿quieres ser feliz? ¿Nadie?

Pues ya basta de quejarte que si el gobierno, los ricos, los alienes u otra cosa más están gobernando tu vida y es hora de seguir con ese camino llamado **5 pasos para la felicidad** que si tu estas gustoso de saber esto yo más de compartir lo que puedes digerir (¿aún hay más?) pues sí, temas que su complejidad es tal que aún no estás preparado, o mejor dicho, el mundo no está preparado a su verdad, pero ese es otro tema que prefiero no contar

Aquí quiero pedirte algo que no hace mucho pero que hasta apenas termine de entender, algunos artistas mexicanos en sus letras han hablado de tiroteos y cosas así, y justamente o están muertos o han estado en estado grave por los mismo efectos, quiero que comprendas que todo y todo lo que sale de tu boca tiene causa y efecto, quizá en mayor o menor grado, cual sea el caso lamentablemente o mejor dicho afortunadamente esto es así, la energía cuántica está funcionando siempre y eso es genial, ahora que sabemos esto es hora de aprovechar y colgarnos de ella, pidamos y pidamos como niños buenos (que hay que serlo para que la felicidad pueda ser plena) ahora tomemos este tema con toda responsabilidad ya que así lo es

Así funciona lo que muchos dicen es la brujería, tomar una foto una hoja escribir lo deseado y pedirlo, es lo mismo que aquí pero lo aquí escrito es para su felicidad y su plenitud, ahora que lo pienso este libro puede tener ambas consecuencias, las buenas y las malas como la biblia, de ser así cada quien es responsable de como hace uso de las cosas, en todo caso cada quien responderá por sus actos y malos hechos, seamos responsables he iniciemos con el final, hay cierto tipo de palabras que según su energía pueden causar efectos, le pondré los ejemplos

(Ojala y te mueras)

Las palabras anteriores puedes decirlas en tres formas distintas o mejor dicho con tres tipo de energía distinta, explico, si estas con tus amigos de los cuales te llevas a todas pulgas entre bromas y risas se las puedes decir y él entenderá que solo son palabras de bromas y por lo tanto tu así también las has dicho y la energía cargada en ellas es tan baja que no causa daño alguno

Ejemplo dos; en este estado es un poco más peligroso que el anterior pues al decirlas se siembran en la cabeza de la persona a la que se las estas mencionando, pero fue aquí en un pleito y la energía en estas mismas afecta al cerebro que nota tu mal deseo hacia la misma, de ahí en adelante el daño es más grabe pues esta persona ya no volverá a ser la misma por tu mal deseo y emoción que aunque vuelvan a hacer las paces esas palabras ya las sembraste y el efecto puede tardar años en estar ahí y puede llevar a la larga un rompimiento de amistad

Ejemplo tres, aquí las mismas palabras pueden causar el efecto que estas pidiendo ¿Qué? ¿No lo esperabas cierto? Pues es real pero la carga energética en este caso es ya la peor, ya que puedes decirlas aunque esa persona no la tengas enfrente pero como la energía utilizada aquí es muy diferente a las anteriores ya no solamente salen de tu boca, salen desde tu mente tu corazón y tu cuerpo y ahí has pedido al universo algo malo, lo curiosos de todo esto que el universo igual te lo concede

Palabras Fantasmas

Quizá de estas solo hay una ¡NO! Y de esa imagino que ya la sabias, de ahí la trampa de los diez mandamientos, veamos como seria esa temática que analizando un poco seria escalofriante, primero pondré ejemplos así como según nosotros deberíamos verlos y después como el cerebro en realidad lo ve

<table>
<tr><td>(SEGÚN NOSOTRO)</td><td>(NUESTRO CEREBRO)</td></tr>
<tr><td>NO CORRO,</td><td>CORRO</td></tr>
<tr><td>NO EMPUJO,</td><td>EMPUJO</td></tr>
<tr><td>NO</td><td>GRITO,</td></tr>
<tr><td>GRITO</td><td></td></tr>
</table>

Si, hemos estado siendo manipulados, y así ejemplos los hay muchos afortunadamente el ¡NO! Después de una frase si es captado por ejemplo (oye me prestas dinero) y usted es capaz de decir (no tengo lo siento) ahora viajemos al pasado, ¿recuerda la cantidad de cosas que nuestros padres nos decían?

No hagas esto, no hagas aquello, no te subas, no lo toques, no seas grosero NO-NO-NO-NO-NO y nuestro cerebro pues va y ya encarrilado el ratón, pues así está la cosa, afortunadamente podemos remediar esto para un mejor futuro o mejor dicho un mejor presente, sea cual sea recuerde que el hoy es ya remanente de su pasado, ya sea que este enfermo molesto o herido eso es remanente de su pasado y no indica su presente, el presente lo hacemos desde el hoy, si tiene alguna dolencia en su estómago una gripe un dolor de cabeza o alguna dolencia mas eso es remanente de algún pasado o alguna mala decisión pero afortunadamente estamos a tiempo para cambiarlo, para cambiar esa programación del "NO" ya sea para usted para su pareja o para sus hijos es hora de despertar de una realidad que ha estado controlando nuestras vidas y hoy nos está dejando de controlar, ayude a sus hij@s a despertar a que entiendan que palabras son malas, los gobiernos lo supieron de echo por eso están ahí controlándolo todo, pero hoy acaba y usted puede elegir

Lo curioso de esta palabra es en la cantidad de libro que podemos encontrarla, ejemplo la biblia, más específico los diez mandamientos, pero la pregunta real es, ¿estos mandamientos están realmente traducidos tal y como fueron escritos o la traducción en todo ese libro fue erróneamente cambiada apropósito? Para cambiar nuestra mentalidad tenemos que cuestionarlo todo, ejemplos ¿mi trabajo realmente me satisface? ¿Soy feliz con la casa que tengo? ¿Mi ropa realmente me gusta? ¿Tengo el conocimiento que lograra mi plenitud emocional? ¿Los gobiernos dicen la verdad? ¿Las religiones nos enseñan realmente como alcanzar la plenitud? ¿Tengo la carrera que me gusta?

Una vez logrado esto piense en la biblia, no mataras, no robaras, no desearas la mujer de tu prójimo etc. Y así de ejemplos está lleno ese fabuloso libro por eso es normal cuestionar si ese libro fue traducido como realmente está escrito, aun en su oficina ejemplos hay muchos por igual, busque de aquí en adelante en todos los carteles con que palabra inicia, si es con el (no) pues ya sabe que nuestro cerebro no la capta y repita las palabras siguientes y eso créame le dará riza por todo el engaño que se hace a nivel mundial

Bueno ahora le explicare porque nuestro cerebro elimina esa palabra dentro de nuestro vocabulario ¿ha visto la película el planeta de los simios? La actual, en ella recordada que cuando estaban siendo tratados en los experimentos se les decía mucho No, y que cuando fueron libres odiaron tanto esa palabra que a los humanos se les prohibió repetirla, pues eso es lo mismo que sucede siendo un niño, la manera correcta seria decirle, ten cuidado que te puedes caer, toma con cuidado aquello porque se puede romper, nuestro cerebro escucha tanto la palabra No que al ser fastidiado decide eliminarla, busca en google la explicación referente a este tema y te sorprenderá la realidad detrás de esta palabra que se convierte en una palabra existente pero inexistente

Palabras mentiras

Aquí se pone bueno ya que quizá usted padeció de esta palabra ¡TE AMO! ¿Qué? Tranquilo que a mí también me costó con cara de eso es mentira, pues no, cuantas relaciones de pareja usted conoce con la típica historia de (pero porque me engaño si me decía te amo) (si me decía te amo porque se fue) y mil cosas más, pues simple, la palabra te amo está tomada como la mayor palabra de afecto conocida y pues también aquí hemos sido timados (si una vez mas) ¿difícil de creer cierto?

Aquí le pondré un ejemplo claro con estas dos palabras de te amo y quiero, llega usted a una tienda así tipo todo empoderado y el tendero le dice, ¿en qué le puedo ayudar? (recuerde que aquí solo puede contestar con estas dos palabras, quiero y te amo) primer ejemplo, si mire amo estas sabritas y amo este refresco, (a lo que el tendero le contestaría) seguro pero ¿qué desea? ¿Nota? Ahora con la otra palabra, quiero unas sabritas y un refresco, la diferencia entre ambas palabras es mucha, así a la hora de utilizarla en la vida real con su pareja, usted puede decir "te amo" y esas mafufadas mas, pero ¿y? ¿Solo eso? ¿Te amo? ¿Así de plano?

Ya sé lo que usted me dirá, pero si le estoy diciendo lo mucho que amo a mi pareja, pues si me dirá mil sermones pero está engañándose usted y está engañando a los demás, o me saldrá con la canción de José-José, amar y querer y esa tontería, en el universo así funciona, es más remontaremos a su niñez o a su hijo con ejemplos más claros, ¿Cuándo usted quería algo como se lo pedía a sus papás? Hey papá amo el juguete de aquel estante, o le decía papá quiero el juguete de aquel estante, o como le piden las cosas sus hijos ¿nota? Así con esta palabra, "te amo" basura, si ama usted porque los engaños infidelidades o mentiras, y no salga con cualquier excusa, la palabra correcta es ¡te quiero! ¿Y para que quiere a su pareja? Pues para despertar con ella cada día

Para tener solo sexo o porque esta re chula la condenada, como sea así están las cosas, o como pediría usted un aumento, ¡jefe amo un aumento! O ¡jefe quiero un aumento! Me podría pasar dándole ejemplos así, pero usted sabrá que decirle a su pareja de hoy en adelante, por eso el ejercicio con mi esposa hoy es así, (te quiero, te acepto tal como eres) ahora cambiemos con la palabra te amo (te amo, te amo tal como eres) pues no, a 20 años de matrimonio eso sería una total y completa mentira, y aun desde el inicio de un noviazgo seria exactamente igual, ya que para la felicidad plena es aceptar a la persona, solo así se logran grandes matrimonios

A la hora de pedir al universo es así, otro ejemplo en el antro, cuando suena una canción que es lo que dicen las chavas hey amo esta canción, o acaso dicen ¿quiero esta canción? Pues no, ahí se sabe el ejemplo claro de quiero a amo, pues así en la vida, puede decir "te amo" mil veces pero es mentira, yo quiero a mi esposa para vivir con ella cada día, la quiero por su gran manera de ser

La quiero conmigo porque ha cambiado y es bárbara, la quiero conmigo por darme dos hijas y así

De hecho quizá esta sea la mayor de estas palabras, o pensándolo bien quizá sea la única, si todos supiéramos esto lo que nos ahorraríamos en sufrimientos, pero me parece las que también entran en esto son las palabras de (te lo juro y te lo prometo) cuanta promesas rotas y juramentos tirados, y más si cuando esto pasaba te decía "TE AMO" ejemplo, te juro que te amo, o te prometo que te amare toda la vida, y tal parece que todo ello más que demostrar una gran manera de sentir ha resultado como las grandes mentiras de nuestras vidas

Pensándolo mejor esas palabras están muy descritas en los discursos políticos, ellos han sabido aprovechar muy bien la ignorancia humana, de esa manera saben que todo lo dicho será echado en saco roto y nada cumplirán, si usted es político imagino que hará con este conocimiento, tratar de aprovechar cada enseñanza aquí, de ser así utilizare las palabras descritas por la biblia, las cosas para la gente buena son buenas pero para la gente mala se vuelven malas

Estas palabras mentiras han sido parte de nuestras vidas y al igual que todo lo demás nos ha traído hasta aquí, con malos hábitos y malas manías, ahora es fácil comprender que en primera nadie nos había explicado todo esto

Palabras Negativas

¿Listo? ¡Estoy enfermo! ¡Tengo deudas! ¡Me siento solo! ¡Me duele la cabeza! (por poner algunos ejemplos) lo que usted repite es lo que tiene, si, lo que usted habla, ya sabe la frase de repite una mentira cuantas veces sea necesaria y primero la creerán los demás y después aunque usted sepa que es mentira terminara creyéndola, pues así funciona, como el dicho de él que quiere azul celeste que le cueste, aquí se nos enseña que para obtener lo que queremos nos tiene que costar, y pues no, este mundo está lleno de abundancia y la hay para todos, me dirá (si es así porque le 5% de la población tiene casi todas las riquezas ávidas) simple, ellos fueron los fundadores de esas mentiras y han estado controlando que vemos, que comemos, que vestimos he incluso que pensamos

Nada de lo que existe hoy ha existido por siempre, como el magnate petrolero de usa John Davison Rockefeller, quien implemento eficazmente la escuela para educar gente y obtener buenos empleados, fue claro que ellos conocieron antes el secreto de la abundancia pero que tuvieron envida y han estado manipulando desde entonces la vida de los demás, así que deje de mencionar las palabras de ¡me siento mal! ¡Estoy enfermo! Y mil cosas negativas más, que incluso con la mente las atrae, si, así funciona la energía cuántica, de hecho la energía cuántica está funcionando siempre, a cada momento y todos la estamos utilizando

¿De locura no? Y me dirá ¿Por qué hay gente que está sufriendo? Pues por lo mismo, lo piensan lo hablan y lo atraen, de ahí sanar la mente, que de los cientos de pensamiento que nacen muchos van y vienen sin más consecuencia, y de aquellos que se quedan aguas, que si pensamos mucho en ellos podemos atraerlos y más si les damos sentimientos negativos, bueno pues ya en este punto le diré, hay dos formas de lograr lo que queremos, desde energía del miedo y desde energía del amor, por eso tenga cuidado de como dice sentirse o estar, de ahí palabras negativas, ¿recuerda que cuando niño sus papás le decían? ¡No te mojes o te enfermaras! ¡No te subas o te caerás! ¡No esto o te quemaras! ¡No lo otro o esto pasara! Pues bien ahí lo tiene, usted me dirá ¡a mis papás hasta profetas eran!

Pues no solo es manejo de energía cuántica y programación mental, por eso se dice que una maldición de una madre pesa cañón, pues las palabras tienen ese efecto ya sea positivo o negativo, es aquí donde tenga cuidado, sus palabras tiene peso fuerza y poder, así que deje de desearle cosas malas a los demás, nada de decirle a la gente pero te ira mal por esto o por lo otro, que ahí es doble juego

Por un lado a esta persona le va mal y por el otro su alma se vuelve más contaminada, los asesinos violadores y ese tipo de gente manchan su alma y de eso lamento decirle que la vida cobra, por eso el dicho de él que a hierro mata a hierro muere, deje de tener envidia que eso es mala energía y esas malas palabras afectan, o ¿le gusta que a usted le deseen cosas mala? ¿No? Pues así la gente, así funcionan las palabras sumando a esto la energía cuántica más nuestro cerebro programable ¿Qué obtenemos? Un ser humano desdichado, pero tranquilo que afortunadamente hay palabras positivas que nos ayudaran a recuperar aquella que desde un inicio debió ser nuestra vida, si nuestra

Estas palabras las hay y son más que las fantasmas o palabras mentiras, enfermedad, pobreza tristeza y cuanta palabra se le ocurra con esa terminología negativa, aquí prácticamente tenemos que eliminarlas de nuestro vocabulario, y más que ahora que sabemos que podemos darle poder en nosotros mismos, aquí le recomiendo que si tiene o lleva algún tratamiento médico es hora de filtrar las palabras de tan aquel respetado individuo

El podrá decirle lo que según él es la verdad ¿pero la verdad de quién? Como en algún momento le comentaba acerca de una de mis hijas y de cómo nacía, según aquel psiquiatra ella seria niña retrasada, (según él) y según el papel de estudios que tenía en manos donde mostraba el estado físico y mental en aquel momento de aquella bebé, aquí entienda que esas palabras hubieran podido tener un gran efecto negativo en nosotros, todo depende de si usted lo cree o no, quizá usted conozca alguna persona con algún tipo de enfermedad degenerativa y me dirá ¿acaso aquí los doctores están mintiendo? pero dependerá de la persona misma si se deja influenciar por ello o vivir con plenitud que aun en este tipo de enfermedades se puede ganar si se sabe cómo

La enfermedad actúa según usted se lo permita, ¿sabe cuántas personas con azúcar mueren? ¿Y cuantas viven conscientes de ello viviendo con plenitud? Las hay y en ambos casos, desde quienes toman algún tipo de planta medicinal hasta quienes cambian el tipo de alimentación, sea lo que sea lo que les funciona es su estado emocional y rechazan esa energía negativa y prefieren vivir en un estado de armonía con ellas y con las personas que las rodean

Otro claro ejemplo es esta cuarentena de mentira, hoy ya se sabe que el covid ni es tan mortal ni es tan peligroso, pero ¿Por qué su mortandad? Simple, yo le estoy rebelando el poder de las mentiras o el poder de las palabras negativas y la manera de hacerle altamente peligroso fue atreves de repite y repite y repite, por eso le digo tenga ya cuidado de sus palabras ya que todas ellas tienen muchas maneras de afectar la vida de los demás ejemplo, si usted tiene la manía de decirle a su hijo palabras de tonto, él con los años terminara creyéndosela y para sacar esa mala programación le llevara años de lograrlo

Le platicare de una situación real contada por un Coach, cierto señor le llamaba pu-¿?-ta a su hija ¿Por qué? Quizá su esposa o una pareja antes fue así y en su trauma se le quedo que toda mujer era así, (como sea) ¿el resultado? Que la niña cuando creció ese fue su oficio ¿nota? Toda palabra negativa tiene causa y efecto

Esa sería una manera de cómo funciona las palabras negativas, ahora estudiaremos la otra manera de cómo se aplica ¿ha notado en su área laboral gente envidiosa? ¿Y cómo ellos le desean mal a otros y esas palabras si les pasan? En esos casos esas mismas palabras funcionan como el ejemplo antes narrado, donde le comente los tres tipos diferentes de energía en palabras, pero para ello sería otro tema

Así que cuando usted hable de usted mismo o de otras personas omita toda aquella que tenga un contexto negativo, quizá le cueste cambiar su manera de expresarse de los demás pero según como usted trate el universo le tratara, y déjeme decirle que esto también lo puse a prueba con un resultado fantástico, al final de este libro le diré como fue mi gran cambio y como di mis **5 pasos para la felicidad**

Palabras Positivas

Aquí sería lo mismo que las anteriores pero en su carga positiva, seria de mas ya poner ejemplos que deduzco que ya las intuye (pero las pondremos para ocupar espacio en estas hojas) bueno pues comentando un poco, por desgracia el universo siempre nos da la razón, si usted cree que puede con algo tiene la razón, así como si cree que no puede también tiene la razón, o si cree que le costara tiene la razón, así como si cree que será fácil pues también tiene la razón ¿de locos no? Sea cual sea la palabra que utilice para el universo siempre usted tendrá la razón

Pues ya sabiendo esto pues a decir palabras positivas, (aquí la recomendación es mirarse al espejo y decirse palabras geniales) ¿recuerda el ejemplo de que mi esposa y yo hicimos? Pues eso jamás lo haga, toda palabra tiene que ser de (soy genial, soy excelente, soy comprensivo etc.) Así es como terminaremos de reprogramar nuestra mente, nuestra vida, nuestros actos he iremos cimentando un futuro con el cual estamos iniciando hoy, con **5 pasos para la felicidad** además recuerde que este camino inicia con una elección, la de usted, la que nadie le está imponiendo, su elección ¿acaso no tenemos libre albedrío? Pues ahora ya lo tiene, ya de usted depende cambiar o ser la misma persona, de usted depende salir de esa zona de confort, de aquella zona en la cual estaba atrapado ayer pero que hoy se ha hecho responsable y ha decidido ser libre ¿le gusta la libertad cierto? Pues hoy ya puede serlo, ya puede ser usted para pensar y sentir, para despertar cada mañana y estar en un estado de salud plena

de mirar hacia su pasado y dar gracias por que cada situación lo han hecho ser la persona que es hoy, nadie ha querido lo malo para su persona, ni la peor enfermedad, ya que incluso ella tuvo algo que aportarle de enseñanza, el universo mismo quiere y ha querido siempre que usted sea feliz, recuerde que un verdadero líder lo llevara a donde usted debe estar aunque no quiera, las personas que más daño nos hacen irónicamente son las que más nos impulsan, ¿pero quién las impulsa a ellas? Buena pregunta mi buen amig@, buena pregunta

Como le comentaba, en este tipo de palabras funciona igual que las anteriores pero con resultados que todos queremos ¿funciona? Pues claro y le daré claros ejemplos, si usted afirma algo positivo como lograre aquel empleo lo que usted le está dando a conocer al universo que es real le explicare, el mundo se construye atreves de sus palabras el mundo no le construye a usted, usted puede hacer de este mundo un lugar mejor y no el mundo mandando sobre usted (esto es más difícil de explicar ahora que lo noto)

Si usted le dice palabras como, ¡puedes lograr lo que te has propuesto! a sus hijos además de sembrar aquellas mismas su carga positiva estará con ellos el resto de su vida, ¿recuerda que antes la bendición de una mamá o su maldición pesaban sobre sus hijos? Pues cargarle con la carga que las palabras se decían le sembraban en la mente una sicosis, fuera esta buena o mala en nosotros entraba a tal grado que sus palabras se hacían nuestra realidad, por eso le comento, el mundo no es la realidad misma pero al ser vista atreves de nuestros ojos se convierte en nuestra única realidad, una sembrada en nuestra mente y que ha sido declarada como verdad absoluta pero sin serlo

Cuando usted comprenda esto puede desearles cosas buenas a los demás pero creyendo con total seguridad y esa energía influirá en ellos como no tiene idea, muchas líneas antes le dije como influir en nuestros hijos y aquí ya le explicare el cómo, primero, si su hijo le da cierta lata (por así decir) empiece a repetirse usted solo, mi hijo es muy bonito y educado ¿Qué logramos con ello? Primero que usted se lo crea y al vibrar en esta frecuencia esa misma le afectara a su hijo al grado que empezará a hacer así, lindo y educado

Ya sé que dirá, genial lo aplicare con mi esposa mientras yo seguiré siendo la basura de siempre, pues así no funciona ya que usted tiene que vibrar primero con esa frecuencia para que después esa misma sea quien se encargue de cambiar el mundo que le rodea, recuerde el dicho (Dios los hace y ellos se juntan) esa es la función de frecuencia, usted se rodeara de gente con el mismo pensar que usted ¿más ejemplos? Si usted es borracho sus amigos serán igual, por eso se dice el que con lobos anda a aullar se enseñan, aprende a repetir palabras positivas y ellas serán tu realidad

Recordando un poco el libro (El Efecto Compuesto) de Darren Hardy, el en algún relato se puso a escribir como quería a su esposa y en hojas detallo como y como la quería, al terminar aquella escritura él se dio cuenta que para tener una persona así primero él tendría que ser una persona igual, de acuerdo a su relato cuenta que esa mujer con esas características hoy es su esposa, en este libro note usted algo, ahí él le enseña cómo lograr éxito, mejor dicho, como personas con éxito logran tener más éxito, pero en ese libro noté que no decía como y desde donde nace tal efecto, el entendió desde muy pequeño el manejo cuántico, aquí es lo mismo, para que usted tenga ese cambio extraordinario en su vida debe de vibrar en la misma frecuencia de lo que quiere lograr, como muchos lo han dicho ¿quiere ser un ganador? Compórtese como uno ¿quiere sentirse guapo? Camine como uno, Puedo darle más ejemplos pero aquí ya usted entenderá la temática

---Antes de continuar déjeme revelarle algo, cuando empecé a escribir este libro lo hice desde un antes yo, yo trabaje por años en la maquila, era un simple operario sin más gloria que el ser reconocido por ser un buen trabajador, si solo eso, un buen empleado, empezar a afirmar que yo era algo más fue uno de mis primeros pasos, todo lo antes escrito fue un paso a paso de lo que yo como persona fui logrando, aunque soñaba dejar de ser un simple empleado en un trabajo donde no se puede crecer más, también soñaba con crecer y estar en un mejor trabajo con crecimiento constante ¿lo logre? Si, hoy a 30/04/2023 tengo un par de semanas que di las gracias y estoy en un nuevo empleo con crecimiento continuo, hoy soy ayudante de piso, en 3 meses la meta es ser encargado y en 3 meses más ser líder de tienda, continuando esta dinámica la meta es que en año y medio logre ser asesor, lograr experiencia laboral y seguir con un crecimiento continuo, en si esto es parte de un plan más laborioso, este libro y los dos más que he escrito (**Entre El Amor Y La Pasión**) (**Vida ¿En Matrimonio?**) son parte de ese plan, la meta es lograr ser reconocido como escritor y dar a conocer los demás títulos en los que estoy trabajando, es decir lograr libertad financiera y ese plan ya está en marcha, uno que nació justamente entendiendo como debía lograrlo pero principalmente dando El Primer Paso Para La Felicidad---

Como sanar la mente (2)

Ahora que ya comprende todo esto le revelare el total de cómo lograr aquello que tanto sueña, en su mente están sus logros y fracasos, ya una vez que logró saber y comprender todo lo anterior le narrare lo nuevo, cuando ya somos conscientes de nosotros mismos ya ha notado el gran poder que tiene la mente, en ella nacen aquellas ideas que lo pueden llevar al éxito, a un mejor trabajo o a conseguir la pareja deseada, ¿Cómo? primero cuestiónese a usted mismo, analice si tiene todo lo que ha deseado o está atrapado aun en su pasado, (a que me refiero con atrapado en su pasado)

Todo lo que tienes ahora mismo es la causa de toda decisión que ayer tomaste pero la puedes cambiar y para ello era necesario que sanaras aquellas áreas de tu vida que te estaban frenando, una vez que lo has comprendido a trabajar esas áreas que fueron abandonadas y olvidadas por dejarnos llevar por los demás y su pésima programación, aquí es igual que en su actual trabajo ¿quiere un aumento? cuestione su manera de trabajar, ¿se lo merece? (si) (no) usted piense, para ser alguien mejor créaselo primero, ¿Cómo? pues programando su mente millonaria, si le programaron una mente pobre ya sabe que se puede lograr cambiar esa programación, cuestione a los demás pero primero a usted, cambiando cada programación mal echa o fundada por personas que no le importan si vive o muere, me dirá ¿pero cómo pensar en mente millonaria si estoy aún cargando con el pasado? ¿Ya se le olvidó la energía cuántica? Si usted logró atraer todo aquello malo a su vida pues es lo mismo pero en su polo opuesto, pero déjeme decirle algo, aquí hay que especificar con lujo de detalle qué y cómo quiere lograr esa vida de triunfos

Como todo principio es igual que construir una casa, quizá ya tenemos el plano de la misma pero ¿y el terreno? Usted ya cuenta con el dinero, (su mente creadora y millonaria) hay que buscarlo ¿Cómo? pida donde quiere comprar ejemplo, quiero un terreno en este lugar (especifique el tiempo en tardar en encontrarlo y créalo que eso justamente pasara) ese sería el primer paso, cuando usted ya tiene el terreno ¿Qué sigue? Encontrar al arquitecto

Todo aquello inicia en la mente una que ahora está estable y mejorada con aquellos cambios que le ayudaran a crecer, pida e imagine con todo lujo de detalle que quiere y para cuando lo quiere lograr, ya tiene las bases del éxito, así funciona este arte, o mejor dicho esta ciencia, le contare pequeños ejemplos de mi vida, en este momento empiezo a cuestionar todo lo que he estado pidiendo y encontré cosas curiosas en ella, antes de enfermar yo decía (quiero adelgazar) pero se me olvido pedir con lujo de detalle el cómo, ¿Qué hizo el universo? Al no especificar con lujo de detalles el vio la manera más adecuada de cómo hacerlo y pues me enfermo, con ese mes baje y adelgacé esos 10 kilos, (hoy lo pienso y digo, inshe universo) otro pequeño ejemplo, hace una semana vi una florería y pensé quiero darle a mi esposas unas rosas (sin especificar nada otra vez) ¿resultado? En la calle una persona pidió ayuda y a cambio nos dio una rosa

Con estos pequeños ejemplos note que cuando pida sea especifico o el universo le dará aquello en la manera que crea sea mejor sin importar el resultado, por ello era necesario sanar la mente, ya que es ahí donde empieza la ciencia, ¿Cómo? para lograr el manejo cuántico tenemos que estar en paz con todo nuestro pasado, como le comentaba, más de 19 años fueron desquiciantes como para pensar que podía lograr algo mejor, esos malos años crearon malas experiencias y por ende malos resultados, pero como ahora podemos y logramos sanar en su totalidad ya podemos soñar un futuro mejor

Cuando estamos en paz con nuestro pasado ya podemos soñar libremente en nuestro futuro, y moldearlo como nosotros queremos, ¿Recuerda ley de atracción? O algo más familiar la biblia, en ambos casos dicen lo mimos, si lo cree lo vera, tenga fe y sucederá, esto a simple vista suena de locos pero no lo es, por ello la mente pobre, antes creíamos que no merecíamos tener algo, pero aun la biblia lo dice, todo trabajador tiene derecho a su pago, es aquí donde empiece a soñar que quiere y como lo quiere, no escatime en los detalles, pero antes quiero que recuerde o analice esto, quiere construir una casa ¿Ya tiene los materiales? ¿O el dinero? ¿O el trabajo? ¿No? Pues si en este momento está en una mala racha repítase, estoy en quiebra, así le decimos al universo que esto es pasajero y que todo cambiara

De hecho varios oradores del mismo ramo que yo lo dicen, sueña en grande, crea en grande que aun las grandes compañías nacieron en algún garaje, todo sueño es posible si lo crees, por ello se un soñador, pero que no se quede en un sueño, por eso se dice que los emprendedores terminan antes de iniciar, lo que quieren lograr ya está en su cabeza y terminado, ahora solo falta plasmarlo en la realidad, si ha visto algún programa de crea en lo invisible y manifiéstalo en lo visible es real, todo inicia como una idea, pero espero que esa idea se haga realidad y que no quede ahí tirada en un papel, de echo un dato curioso es que la gran película avatar estuviera en un cajón por diez años, y fue hasta que la tecnología estuvo a la par de ese sueño, esto es curioso, por ello para crear algo y manifestarlo debe conocer los pasos a seguir, hay personas que apuestan todo a sus sueños y se endeudan para lograrlo, y también los hay que trabajan horas extras en su proyecto hasta que pueden renunciar a su antiguo trabajo, esto es posible cuando ya tiene un sueño bien definido y creen en ellos mismos, pero para lograrlo hay que saber que limites están deteniendo su vida y cuales hay que trabajar para mejorar

De hecho en este mundo existe mucha gente talentosa, pero felices en su trabajo soñando con que algún día dentro de muchos años puedan estar jubilados, pero porque esperar algo de lo que somos capaces de hacer, simple, las ideas limitantes están bien arraigadas en nuestra mente que pensamos que ese es nuestro futuro, todo lo que nosotros creamos esa será nuestra realidad, sea buena o mala, solo que se me paso un pequeño detalle, muchas de las creencias son impuestas por nuestro padres, abuelos, profesores y un largo etc. Esto es posible gracias a que hoy se sabe que toda persona desde los 0 a los 12 años está en estado de hipnosis y todo lo que se grabe en esa etapa regirá su vida para siempre, todo lo antes explicado funciona porque yo así lo logre, con detalles simples y normales pero dándome cuenta y cuestionando todo, ese fue el inicio de los grandes cambios que vinieron después, grandes mentores que me están enseñando a dar el salto cuántico final, este libro relata bien **5 pasos para la felicidad** pasos que cualquier persona puede dar, después de esto sería **Como logra el primer millón de dólares en un año** (pasos cuánticos)

Como sanar el cuerpo (2)

Una vez logrado lo anterior necesitaremos un cuerpo sano, ahí la mente vuelve a entrar en acción, atrayendo toda cosa sana para que podamos disfrutar de un cuerpo mejorado y bien cuidado, no sea como yo que apenas conociendo esto dije quiero adelgazar y me enfermé ¿adelgacé? Sí, pero bajo un método que no me gusto ¿en que falle? En no especificar como lo haría y para el universo esos detalles no le interesan y solo ve la manera más viable de darte aquello que has pedido sin especificar, cuídate y controla tus hábitos que ya sabe bien, no puedes quitarte ni uno solo, solo se puede lograr cambiándolo

Quizá antes de empezar a lograr todo aquello empieces por sanar toda dolencia que exista en tu vida, eso sería lo más recomendable para que puedas lograr cambios externos pero primero lograr cambios internos y así puedas unir todo tu ser en uno mismo, y ya sabes cómo, además de crear todo aquello primero en la mente ella es capaz de tener una unión molecular con todo tu ser y lograr aquellos cambios en ti que te has propuesto a lograr y has confirmado que pasaran, animo, todo esto se no es fácil de digerir y lo sé porque yo también pase por todo esto, pero si yo lo estoy logrando también tu podrás lograrlo

Quizá te guste meditar quizá no, pero de vez en vez es bueno para mantener un estado feliz ya que con ello logramos mantener una frecuencia de amor y con ello logramos dar mayor fuerza a nuestros sueños, y logramos más energía para encontrar aquel tiempo para aprender más, o leer un buen libro y lograr con ello cultivar nuestra mente y mantenernos en un estado óptimo y al final todo esto ayudara a tener una salud total y plena

¿Sabía que hay dolencias que se pueden quitar? Pues sí, en este momento que usted sabe que todo es energía déjeme explicarle muchos detalles más, nuestro cuerpo normalmente está en un estado positivo, toda enfermedad, enojo, tristeza o aun coraje funcionan en otro tipo de energía y según ese tipo usted puede cambiarle su frecuencia, si le duele una mano, la cabeza o un pequeño dolor estomacal, puede quitarse o mejor dicho cambiarle la frecuencia en la que está vibrando y trate de pensar que fue aquello y que le quiso decir

Quizá usted recuerde el caso de una señora que según los estudios medicoss decían que tenía cáncer, ella al principio lloro, pero después esa misma noticia la llevo a un estado de sanación y decidió ser feliz desde donde estaba ¿resultado? Tiempo después los resultados decían que ese cáncer no existía más ¿Por qué? Sin saber aquella persona manejo la energía cuántica y se auto sano con esa ayuda, casos así encontrara en algún lugar, con este libro entenderá como todo ello fue posible

Pero es aquí donde vuelve a entrar la mente ¿Cómo? igual que antes si esta aun enfermo sueñe en salud que el universo vera la manera de dar aquello que usted ha pedido, así funciona la energía cuántica, y lo sé porque lo veo en muchos casos, mucha gente sin saber pide y lo logra, pero que mejor manera de saber cómo funciona y lograrlo, así lograremos empezar a ser felices, sanando la mente y ahora sanando el cuerpo, solo recuerde usted véase sanado y deje que el universo vea la manera en cómo hacerlo, por eso no se preocupe, al principio le costara y más porque debe tener su enfoque en ese algo que quiere por lo menos treinta días, siempre con un pensamiento positivo que creme funciona, siempre positivo con lo que ha pedido que es salud y poco a poco notara ese cambio que por años jamás logro, si ya vio videos de cómo obtener esto o lo otro esta es la respuesta y es así como se logra, todo, desde un mejor trabajo, una pareja, dinero salud o buenas relaciones familiares, en todo caso ya tiene una mente de riqueza y ahí comprenderá que todo es posible

En nuestro cerebro se producen unos 42 químicos diferentes entre ellos el cortisol, estos químicos son los encargados de darle experiencia a nuestra vida y a nuestras emociones, según la parte enferma seria la pista de que es en lo que tenemos que trabajar, no lo relatare aquí ya que hay libros y libros muy bien detallados de este y otros temas, el dar gracias y el perdón son dos cosas que ayudan a sanar toda enfermedad, y también hay libros y libros de esos temas

Como sanar el alma (2)

Con todo lo anterior aquí apuesto es más fácil, la sanación de nuestro pasado empieza por comprender que todo ello nos ha traído hasta aquí y nos hemos empezado a dar cuenta que aquellos que llamábamos nuestros enemigos en realidad han sido los que más han anhelado nuestro crecimiento ¿Por qué lo digo? Ya que gracias a ellos que nos sacaron de nuestra zona de confort, nosotros aun seguiríamos en aquel círculo donde aún estaríamos repitiendo los mismos patrones de miseria

¿Qué diferente pensar así verdad? Pues sí, que antes de solo recordarles se nos hacia el buche pequeñito de tanto coraje hoy sin embargo hasta nos dan ganas de invitarles una buena michelada, me gustaría que fuera así para usted en todo su ámbito emocional, si aún no piensa así espero que por lo menos tenga paz con esa parte de su vida que fue triste y lastimera como para que lo deje ser feliz en el hoy sin que le ate ya más de esta que es su vida

Espero realmente a estas alturas de esta lectura su pensar sea tal como para desearle bendiciones a los demás al mismo tiempo que ya comprende que todo lo vivido hasta este día es y ha sido parte de un plan mayor en el que solo usted sabrá qué y porque le ha pasado lo que le ha pasado

El alma es un ente de nuestro cuerpo muy diferente a la mente, la mente tiene recuerdos que pueden ser dañinos y pueden ser cambiados de emoción, en ella existen aquella información que nos ayuda a aprender y a retener cosas, pero en el alma existen situaciones que la mente no comprende ejemplo, según se dice un día una persona tomo la decisión de quitarse la vida, en la carta escrita estaban algo así, (la verdad no tengo más dolencia que una muela, no existe nada mas) ¿Qué paso aquí nos preguntaremos? ¿Por una dolencia? Hay personas que sufren accidentes y pasan por dolores mayores pero siguen con la convicción de vivir

Un dolor de muelas por sí solo no debería tener o causar ese efecto, a no ser que lastime al alma en un nivel que no se ha estudiado, otro ejemplo el parto, sea este natural o por cesárea, yo pude notar que el simple hecho de perder una muela me estaba llenando de tristeza ¿Por qué? Si solo era una muela porque esa reacción, no lo había pensado hasta este momento, aquí notaremos que hay cierto tipo de dolencias que pegan en diferentes áreas, en usted, en su mente, en su cuerpo y tristemente en su alma, por ello las enfermedades suelen ser engañosas, primero por el dolor que algunas causan, segundo la desesperación suele ser tal que podemos tomar decisiones erróneas y todo ello quizá no se ha estudiado como debería, yo por ejemplo, llegue a tener alguna inyección y fue en ese momento donde estudiaba el dolor, porque me dolía y como era que la mente lo captaba

Por eso le recomiendo que si está en el doctor y será inyectado vea lo que le están haciendo para poder controlar más su mente y no sea manipulado por ella, en todo caso solo es dolor y el dolor pasa, pero las malas decisiones suelen ser permanentes por eso le recomiendo ser tolerante al dolor, ya que con eso notara una mejor toma de decisiones y el resultado es un manejo mejor de emociones que ha su ves ayudaran a sanar mejor su alma, por eso si está en un tratamiento médico le recomiendo esto, hay gentes que sufre por inyecciones que aún no reciben, lo curioso de esto que pueden pasar horas bajo esa dolencia cuando en si solo es un pequeño piquete de escasos segundos, pero la mente no sabe de realidad y de ficción y le duele de igual manera, tome las cosas como van, si pidió un aumento y es rechazado no pasa nada, si fue rechazado en una pedida de mano igual no pasa nada, si se ríen de usted no pasa nada, por ello algunos ejercicios recomiendan que se ría de usted, es una manera de hacer que la pena deje de existir pero en este punto deduzco que ya no se siente como hace unos días que empezó a leer este libro

Hay lecturas que nos cambian la vida y la manera de ver y percibir las cosas, nos ayudan a darnos cuenta de nuestros errores y cómo podemos mejorar, por ello es bueno leer, la lectura es un despertar de conciencia y de mentalidad, hay personas que detestan los cursos de "auto ayuda" ya que también hay algunos vende humos, hoy comprendo que no todos los motivadores funcionan ni todos sus métodos son para todos, pero si no entra en ese mundo como sabrá que es bueno para usted

Manera correcta de hablar (2)

Con todo lo que yo he aprendido note que sin querer he marcado muchas derrotas en mi vida, jamás imagine que las palabras tuvieran tanto poder hasta que en mi terquedad de preguntar me dieron a conocer todo esto, fue solo hasta aquí que comprendí la cruda realidad, que yo mismo había saboteado toda mi vida, siempre me preguntaba que había hecho de malo como para merecer aquel sufrimiento, como cierto tipo de personas habían entrado en la misma y pareciera que se habían esforzado en destruirme, pero siendo que la realidad era otra, hoy tengo un mejor control de todo lo que digo y más porque manejo la energía cuántica a un nivel en que no le puedo narrar aquí, quiero que así como yo usted pueda tener ese despertar de su vida y por qué sus mismas palabras fueron quienes le cayeron encima y no las personas aquellas que creíamos eran nuestro enemigos

La vida vista desde esta manera ya es muy diferente a verla desde antes, espero ya entienda que la realidad que ve no es la verdadera, usted la construye con cada pensamiento y con cada palabra afirmada, que usted puede y tiene el poder de hacer su realidad y no la que los medios de comunicación le han hecho creer, construya el mundo su mundo con las palabras correctas y con las emociones adecuadas, atraiga a su vida todo lo bueno que ha deseado, el camino no termina aquí, el camino apenas inicia y recuerde, hoy empieza el mejor día del resto de sus días, construyendo desde la manera del como dice las palabras, sea uno que le diga cosas buenas a los demás y a su vez dígaselas a usted mismo en estas líneas ya comprenderá la ley de atracción, primero imagine todo aquello que quiera en su vida, con lujo de detalles, háblelo y confírmelo, sea consiente que esto es su realidad y es usted quien lo hace posible, deje de repetir todo aquello que quiere fuera de su vida, hable desde la riqueza que usted ya ve es real, hay casos así de personas que para llamar la atención decían que tenían alguna enfermedad, su esposo pues atento siempre le dio lo que esta persona quería aunque fuera por medio de chantaje ¿y que paso me preguntara? Pues esa fue su realidad, poco a poco empezó a enfermar de verdad y de tanto hablar término creyéndoselo y esa fue y es su realidad

Conclusión

En esta última lección aprendimos que las palabras que utilizamos en el día a día afectan nuestra vida, pero eso como saberlo si nadie más nos dijo o educo para ello, es claro que algunos saben cómo funciona todo esto, de echo ahí nace la mercadotecnia, saben cómo vender y como llegar al público deseado

Ahora que usted ha comprendido más en todo esto realmente espero lo ponga en práctica y tenga a su alcance la felicidad que tanto todos buscamos, gracias por ser ahora parte de este logro y seamos más los que desde la obscuridad logremos y estamos logrando salir a la luz

Sé que nada será fácil a partir de aquí, puedo decirle que si logra poner empeño en cada lección su vida será mucho mejor, podrá convivir con los demás sin juzgarlos o sin sentir algún tipo de envidia, también trate de entender que ellos vienen de un mundo antiguo y su manera de pensar es justamente lo que ese mundo les ha heredado, Yo al igual que usted y todos los demás fui y maneje el vocabulario de doble sentido

He aprendido a vivir con mis errores cada día, sin más que evitar juzgarme y así sin juzgarlo a usted ya que en algún momento como dice el mal dicho fuimos humanos con errores y todo, esto no significa que dejamos de tener los mismos, lo que realmente significa que todos podemos equivocaros en la toma de decisiones, o mejor dicho en el resultado de cada ecuación, Sabía que para algunos la suma de 2 más 2 ¿es 5? Dirá eso es imposible, a lo que me refiero es al tipo de situaciones que algunos viven, por decir algún ejemplo, alguna mujer con un esposo que la maltrata, para ella la suma de este ejemplo es 5, no debería de ser pero lo es, por eso le comentó, todos tenemos el derecho de tener y gozar de abundancia, esto ya es posible, así que le pido ayude para que esto sea realidad promocionando este libro y que más y más personas lo adquieran y con ello adquieran el libre albedrío que según nosotros teníamos y eso era más falso que tu ex al decir "TE AMO"

Extras

Retomando un poco cada lección hay cosas que quizá omití por su naturaleza en la que usted no está preparado a saber, y me dirá ¿usted también quiere controlar nuestras vidas? De hecho no, pero el saber esta información lo ha hecho dudar de la veracidad de este mundo, le ha hecho ver las cosas muy diferente a como antes las veía y le han hecho dudar que es real y que no, sé que le han hecho dudar de su religión de sus creencias de su antigua manera de pensar aquella que tanto ha defendido y que hoy he puesto en tela de juicio, tranquilo este es un despertar a la realidad, aquella en la que usted es libre de pensar pero ahora con una realidad que antes no tenía (pero que creyó que sí)

¿Recuerda la película Matriz? Cuando se le ofrecen las dos pastillas la roja y la azul, pues aquí es lo mismo, usted tomo la decisión de comprar este libro, para saber cómo ser feliz y le salgo con cosas que lo han puesto a pensar de mas, quizá mientras leía empezó a tener sueños o pesadillas raras, eso lamento decirle es normal, es el cambio de un despertar a una nueva vida, donde por muy difícil que suene ahora usted sabe que todo es posible, desde enfermar por estrés, adelgazar comiendo lo que sea o reconstruir su cuerpo, y todo desde la mente y la fe

Aún recuerdo cuando nosotros despertábamos de esta realidad, algo por allá del 2005 si mal no recuerdo, las palabras de mi esposa es de esto es mentira, nada es real esto es un engaño de seguro es brujería y cosas así, la realidad es esta, es un despertar y toma de decisiones, lo difícil es mantenerse despierto, se dice que la mente es muy poderosa, pero es más poderoso aquel que logra controlarla, es como todo lleva tiempo controlar una nueva habilidad, ya sea desde aprender otro idioma una nueva tecnología o ese puesto nuevo en el que acaba de ser ascendido, esa nueva responsabilidad nos cambia nos da miedo o quizá ya estemos preparados para ello

pero ahora estamos listos para tomar nuevas decisiones, que bien se siente poder disfrutar del presente sin dolor del pasado y sin la angustia del futuro, la primera ya fue y si la regamos pues a vivir con ello que recuerde que aquí ya está prohibido juzgarse, (así que tampoco sea cínico y sea de esos dé puedo hacerlo en todo caso no debo juzgarme) el asunto de este libro es que usted sea feliz con su pasado con sus amigos, familiares, conocidos y con toda persona que se cruce de hoy en adelante por su camino, sea esta buena o mala con envidias o realmente le desee cosas buenas, de eso ya dependerá su estado mental si lo desea o no

Por eso en las lecciones anteriores le enseñe como aprender a controlar cada aspecto de su vida, y aun así nada de lo que he dicho o escrito evitara que en algún momento pierda algún familiar, me dirá ¿y para que este libro? Es para que usted pueda vivir en paz y feliz

Le platicare algo que paso en nuestras vidas, mi esposa en algún momento termino por pelearse con su propia familia, pero ¿Cómo paso esto? por irónico y por mucho que parezca, sí, yo en ese momento era el enemigo común aun de mi propia esposa pero así y de la nada algo en mi interior en una fiesta que ella planeaba yo simplemente decidí que dejara que hicieran lo que quisiera, algo hasta este día nunca hecho, por eso hemos peleado mucho por oponerme a cada decisión de ellos, pero ese día dije pues a la goma, lo que será-será, y saz, cuál fue mi sorpresa que días después ellos mismos se peleaban, ¿nota? Cuando soltamos amarras y dejamos que el universo actué él es capaz de poner todo en su lugar, así que como le decía, después de ahí fue un pleito de más de tres años de que mi esposa y su familia dejaran de hablarse

Así que un día me levante mire a mi esposa y le dije, alto es hora de poner en paz esta guerra, (las palabras a utilizar aun me duelen sin saber lo que vendría pero entiendo que eso no es mi culpa) le dije, mira ella es tu mamá yo puedo ser un esposo mas ya sea que nos dejemos o me pase algo siempre puedes volver a casarte, pero ella es y será tu única mamá, y si algo pasa nunca te lo perdonaras, (usted me dirá sabias palabras) de no ser por los hechos que sucederían más adelante, así entre cosas y palabras había una reconciliación familiar (que en esto como siempre yo perdía al ser detestado por esa familia, era claro lo que vendría) fiestas familiares y yo desechado para variar, todo parecía regresar a la normalidad a no ser por un asesinato, si, un primo de mi esposa fue acribillado, recuerdo esa mañana, estábamos en un desayuno por parte de elecciones políticas cuando el teléfono de mi esposa sonaba solo para escuchar del otro lado de la línea aquel fatídico suceso,

Es aquí donde el poner paz con esa familia me dolía, yo lo estaba haciendo por cuestiones morales, nunca pensé en todo aquello, pero ¿y a que viene todo esto? Que es hora de dejar malos momentos, no porque algo malo este por venir y se arrepienta de no estar ahí, (que en nosotros así fue) es para que usted dentro de su mente deje de vivir aquel suceso que vivió, ya sea que no tenía la edad para decir no, o fue amedrentado o mil cosas más

Deje de vivir en su mente aquel momento tan doloroso, de ser así qué caso tiene que busque **5 pasos para la felicidad** si sigue sin estar dispuesto a soltar amarras

ahora usted puede desear lo bueno, ya sea empezando a pensar en ello y a actuar, ya que de eso trata esto, usted puede declararlo con palabras, decir yo quiero y manifestarlo pero recuerde también trabajarlo y deje que el universo le sorprenda, sea usted capas que su mente trabaje para usted y no usted para su mente, la sanación lleva tiempo como cualquier enfermedad, gripe, tos, anguinas u otra índole más, si aún no es capaz de manejar este nuevo conocimiento tranquilo, lleva años, que en mi caso fue así en descubrir que era lo que buscaba y donde debía buscar, pero en usted eso ya está arreglado, ahora tiene un manual que le dice que y porque son las cosas, como le comentaba, este libro no trata de como gente exitosa sea más exitosa, se trata de gente común logre el éxito, desde donde sea su trinchera y desde ahí lograrlo como tantos y tantos casos de personas normales se hicieron famosos o ricos

Y nosotros con cara de fue suerte, en realidad no, pero algunos nacieron con esa cualidad de saber o mejor dicho sin saber como pero fueron capaces de hacerlo

Ahora sea consiente del poder de la mente que de ejemplos los hay, si usted lo cree será cierto, recuerde el dicho, cuando lo crea lo vera o sea realista y crea en milagros, la mente es tan genial que como alguien decía, vea todo lo que ha atraído a su vida, vea cuantas cosas malas y en lugar de quejarse la respuesta es ¿tan poderoso soy? Si, usted y su mente son tan poderosos como para atraer todo aquello que en su vida esta, desde mala salud mal éxito hasta una mala relación, aquí es donde todo dicho aplica, Dios los hace y ellos se juntan, pues ahí están las repuestas la frecuencia desde donde usted vibra, desde el amor o desde el miedo, ya que estás son las dos principales emociones de ahí usted ya conoce las demás, desesperación, angustia, celos y todas ellas forman nuestra realidad, pero afortunadamente hay otra frecuencia mejor, el amor, ella vibra muy pero muy arriba como para sacarnos de estados de depresión o tristeza

Y dígame ¿Qué hará con este nuevo conocimiento? ahora que sabe que con la mente puede reconstruir su vida, que es usted en estos momentos el resultado de su pasado, que hará de aquí en adelante, ahora que es capaz de sanar y construir su presente y ver un mejor futuro, ahora que puede recuperar su salud sea cual sea esta, ya sea apoyado con su nueva fe o con algún medicamento natural que le mejoraran la vida, sea ahora capas de vivir plenamente con usted y con sus actos

Sea feliz y viva feliz, sea usted capaz de dar ese último paso que yo ya le mostré 4 de ellos, ahora le toca a usted lograrlo de vivirlo y gozarlo, si desea algo un coche una casa una pareja todo es posible, trabaje logre y realice que sabe que todo es real y posible

Sueñe desde la abundancia y desde el amor, deje usted su propio legado que de esto trata la vida, sea su propio conductor y deje de cargar a los demás, deje de cargar las malas emociones de toda esa gente, que esos malos regalos jamás los tome o vuelva a tomar, y platique a su descendencia de como un día tomo la pastilla roja y despertó de aquella pesadilla pero que ahora usted es triunfador y está logrando aquello que siempre soñó, una vida feliz…

Palabras Finales

5 pasos para la felicidad fue escrita con una sola necesidad, ayudar a los demás a encontrar el camino justamente a ella ¡la felicidad! Recuerde que para tener un buen habito se necesitan 21 días de prácticas, sin omitir ninguno o de hoy es domingo es día de descanso, me parece que ya descansamos demasiado y el resultado fue este, una vida de caos, Toda causa genera resultados, tanto como si los hacemos como si no, tanto como si decidimos cambiar como si no, en todo caso en ambos tenemos razón, el éxito nunca se genera de la nada, nadie nació sabiendo ni nadie nació rico (aun los que nacieron en cuna de oro) ya que también ellos nacen sin nada, y puedo decirle que justamente estas personas son las que gastan las riquezas que los padres trabajaron

Ahora le toca a usted dar ese último paso, yo ya le pude ayudar con 4 de ellos, le toca a usted trabajar en su propia persona, en trabajar para óptimos resultados, en cuidar cada pensamiento y acto, en saber discernir entre lo bueno y lo malo, yo le puedo asegurar que son actos de resultados, primero experimentados en mí, puestos en práctica en prueba y error, al principio sé que le costara trabajo el cambio, pero entre más se aferre más será, y más y más y más

Así que es hora de ponerse metas claras, recuerde que lo importante nunca ha sido competir sino ganar que este mundo está lleno de abundancia, que sobra hay de más y para todos, que la envidia el resentimiento son situaciones de ayer que el hoy está plagado de bendiciones, dígaselas aun si no las cree, después de 21 días se harán realidad.

Si usted quiere ser una persona de éxito pues empiece a sentirse como una, en todo caso que podría pasar, pues nada solo tener éxito ¿o no es eso lo que quiere? ¿Éxito? Pues manos a la obra que lo único que puede perder es esa mala actitud, así es como piensan los ganadores, recuerde que si le pone demasiados peros a algún negocio o cambio ya deja de servir, todo se hace así como va, como vulgarmente se dice en caliente ni se siente, recuerde que para lógralo solo se necesitan 5 segundos de locuras y lo sé porque también yo lo hice

30 de junio del 2020

Antes de terminar este libro déjeme platicarle un poco de mí, pensara que mi vida ha sido de triunfos y aciertos, de hecho no, como le conté yo vengo de una familia humilde y de pocos recursos, una donde se nos ha inculcado que como clase trabajadora soñar con lograr una buena posición está muy lejos, que aquellos que lo logran son personas con suerte o tiene pacto con otro ser, así es como la mayoría de clase baja se nos ha educado, que tenemos que tener títulos universitarios para lograr una clase media, una educación que para tener dinero debemos de tener un pariente rico y ser afortunados en ser parte de una herencia, la programación aquí es de esa índole

Y así fue como crecí creyendo todo ello, siendo un simple trabajador que debía aceptar su destino y ser feliz con lo que ya tenía, cuidar un trabajo estable, con esa mentalidad como un Coach lo dijo recientemente, nos acostumbraron a tomar lo que teníamos a la mano sin pedir o mejor dicho sin pensar que merecíamos algo más, aquí deje aclararle algo, eso no es malo como algunos lo pintan, muchas mujeres de esta clase social son mujeres fuertes y capaces de mantener una familia y además de ello cuidar de sus hijos que aun con sus capacidades son dignas de admirar (digo capacidades refiriéndome a su poca educación)

Una nota que una vez encontré por ahí decía algo parecido con estas palabras (como conseguir un esposo rico) ella argumentaba que notaba que algunas de las esposas de hombres de poder no eran bellas ni guapas como ella, que como podía ser esto posible, fue claro la contestación que obtuvo de un hombre de buena clase (para empezar tu belleza nosotros la vemos como objeto de compra y venta, no como compra y retención) ¿Por qué ese tipo respuesta? Es fácil de entender, muchos de esos hombres esas mujeres fueron pilares en su evolución como triunfadores, y es claro que ese valor es más estimado que la belleza de una mujer que solo está ahí buscando poder

Le aclarare con otro ejemplo, un día un boxeador buscaba como ampliar sus conocimientos, su entrenador sabiendo de ello tocando una mañana a su puerta llegaba con videos de lo que esta persona buscaba, al dárselos le dijo, préstame tu cartera, el boxeador sin entender lo hacía, y el entrenador tomaba todo el dinero que ahí estaba dándole la siguiente explicación, si yo te hubiera regalado todo esto te daría igual si los vez o no, pero como ahora te ha costado los veras porque sabes que no fue gratis, este ejemplo se anexa al anterior, para una mujer que solo busca una buena posición no le dará la misma importancia a su relación que una que ha estado ahí desde el inicio, aparentemente eso nosotros no lo valoramos, pero si usted lo busca en la red encontrara esta nota (10 artistas guapos casados con personas no guapas)

Como le decía, ¿Qué posibilidades tenia de lograr más? ¿Cuál serian mis probabilidades de éxito? Tomando en cuenta que no concluí el segundo año de secundaria dando con ello que jamás lograría más por mi bajo estudio, visto desde el hoy note que cada detalle desde mi gestación daba forma a lo que seria y como debía lograrlo, gracias a todo ello aprendí un oficio que por muchos años me dio un buen salario comparado con mis compañeros de empleo, la manera de esforzarme me mantuvo con una solvencia económica si bien no privilegiada si estable como para ofrecerle a mi esposa una vida de comodidad y ciertos lujos

Un cierto día del año 2019 dije, quiero sacarme la lotería, pero sin comprar billete alguno, mi esposa y mis dos hijas se rieron diciendo que eso es imposible, le contare, cuando usted logra un empleo estable desde ahí se ha sacado la lotería, si su esposa es una mujer ejemplar fue otra vez otro boleto al éxito, continuemos, teniendo apenas unos 16 años aprendí a tocar guitarra, sin notarlo en ese momento mi mente demostraba una capacidad de aprendizaje que hasta este momento estoy más que agradecido en tener ¿Por qué? Porque aprendí viendo a tocar a mi hermano mientras otra persona le enseñaba a él, (esto es conocido como autodidacta o modelaje) así como este ejemplo aprendí a tocar bajo, teclados, congas, ritmo principal de batería y muchísimo después a grabar en un Studio Home propio

¡Valla autodidacta pensara! Pues sí, ¿cuantas veces podre decir que me he sacado la lotería? Esos pequeños detalles los fui aprendiendo lentamente, nada logre de un día a otro, me fui acostumbrando a saber más y sin darme cuenta, tenía un trabajo lo suficientemente remunerado como para soñar, para vivir bajo la idea de aceptar mi vida tal y cual era, ¿Qué logró todo mi cambio? Ese cambio lo inicio mi esposa ¿Cómo? curioso aquí lo que le narrare, ¿recuerda cuando le comente que de niño dije quiero tener una familia así? Un día de enero del 2000 (el primer lunes del año) inicie semana sin más detalle que ver que una chica muy bonita ya era parte de aquel trabajo

¡Si usted me dice que desde que la vi le tuve ganas! Le diré que eso estuvo lejos de la realidad ¿Qué posibilidades tenia de conquistara una chica muy bonita si en aquel entonces solo era un simple costurero? ¡Ninguna! Y no lo pensé en aquel momento, ni conquistarla ni de tener oportunidad alguna, ¿Cómo fue que logre que sea mi esposa? En algún momento familiar eso mismo preguntaban ¿Cómo me case con ella? Pues mi respuesta hasta este día es ¡no lo sé! Simplemente paso, si tomamos en cuenta que ella viene de una familia media alta, ¿Qué paso aquí? Simple, me saque desde aquel día la lotería

De hecho muchas veces he estado a nada de sacarme el premio mayor y le diré el porqué, antes del 2000 pertenecí a una agrupación musical (es otro de mis pasatiempos como alguien así lo menciono) fue en el 98 si mal no recuerdo, ese año logramos una grabación de lo que sería nuestra primer discografía, ahí tuve la oportunidad de grabar tres canciones propias, la persona que nos llevó al estudio de grabación le gusto tanto que pidió le firmáramos el derecho de promocionar nuestra música en los estados del norte, ¿Qué paso? La negación de quienes manejaban esa agrupación fue la respuesta

De ahí tuve de cerca otras oportunidades para lograr ser un pequeño empresario, como le decía, al ser costurero tuve la oportunidad de manejar un corte directamente con la fábrica, mis errores hicieron que eso fallara, algo así como por el 2007 (aquí si fue culpa mía) en el 2008 estuve a nada de firmar con televisa México, ¿Qué fallo? El dueño del proyecto no estaba listo para el éxito y con ello yo quede fuera, un año después un proyecto maqueta ya estaba en radio y yo ni enterado, ¿Errores? No tenía educación sobre estos temas y no tuve la capacidad de saber cómo manejarlo

En el 2011 logre otro proyecto musical y este estaba a tal grado que incluso sonidos como la changa, terremoto y alucinación me empezaban a apoyar ¿problemas? Envidias familiares, en el 2017 logre firmar con un sello discográfico de Londres Inglaterra, otro proyecto musical donde yo creo que canto (la verdad tuve que hacerlo al no encontrar bocales que quisieran crecer)

En el 2020 logre un poco más, escribir este libro, hacer un curso de programación neurolingüística y escribí dos libros más, y todo esto sin estudiar más allá del segundo de secundaria, ¿ya lo nota? En este 2020 he estado estudiando cursos de cómo vender, como saber de marketing y otros cursos de producción musical, he sido tan deseado que incluso algunas chicas se atrevieron a pelear por mí y siendo ya casado, por ello le digo, ¿nací con mente de riqueza? Sí, pero la educación, familiares y religiones hacen que nuestra mentalidad cambie

La verdad he sido muy afortunado y hoy entiendo que si no logre todo lo anterior fue porque no estaba preparado, pero hoy estoy consciente de mis logros y lo que quiero, por ello le digo que sacarse la lotería sin comprar billete se puede

¿Pero a qué viene todo esto? Un deseo de pequeño con la carga emocional logro que el universo preparara una vida que desde ahí yo deseaba, tarde muchos años en entender qué y cómo funcionaba todo esto, momentos amargos y perdidas económicas fueron compañeras de años en esta travesía llamada matrimonio, le cuento esto para que entienda que si yo naciendo de una familia pobre y humilde he logrado tener todo esto y ser feliz desde lo que tengo le preguntare ¿Por qué usted no debería de gozar de una vida de plenitud?

Ahora sin las clases de ¿Cómo? le narrare libremente más detalles, la energía cuántica está en todo y con todos, su camisa, su plato, su comida, su coche o su esposa ahí con ellos esta esto, ¿ha leído el libro el efecto compuesto? Note que ahí le dice como cambiar hábitos y desde donde lograr ese éxito tan deseado, pero también note que no dice abiertamente el cómo canales de YouTube como (Xiomara Villanueva) (Secretos de la vida) (Netkaisen)

El ir aprendiendo me ha llevado a navegar en métodos nuevos o mejor dicho, en métodos tan antiguos que solo algunos han logrado comprender, si usted lee mi otro libro (Brujería) (próximamente) se preguntara si eso ahí escrito es real, pues si es real pero ¿Cómo es que lo sé y como es que puedo decir que así funciona? Por el conocimiento cuántico, y por situaciones que como en algún párrafo le dije, viví 7 años de cierta situación que no está narrada aquí, ¿Por qué? Le explicare

Usted sabe ya este método, (5+5=10) pero todos dicen, si quiere un resultado diferente haga las cosas diferentes (7+3=10) ¿más diferentes? (2.5+3.5+2+2=10) pero vea aquí la realidad, la suma como la haga será siempre el mismo resultado 10, de ser esto así no importa cuántas veces cambie la forma de sumar, siempre será el mismo resultado, ¿me preguntara y como hago el cambio? Simple (bueno de echo ahí si lamento decirle que no es simple y es más complicado en la vida real) empecé a notar que aquellas personas que han logrado un éxito arrollador había algo en común además de fortuna, riqueza y éxito

Fracaso, pero no uno que tuviera al fallar en alguna empresa, en todos ellos había una vida miserable, ¿Por qué lo digo? Conozco Coach, psicólogos y he leído la vida de algunos como Facebook, Apple y otros más y notara que tuvieron algún tiburón en sus vidas ¿a qué me refiero con tiburón? (por eso me limito a decir 7 años en lugar de platicar ese lapso de la mía) (por mi propio tiburón) tiburón son algún tipo de personas llámese (Papá, Mamá, Hermano, Novia, Socio, Amistades, Pretendientes, etc…) esas personas causan tal daño que pueden lograr sumirnos en horas, días, semanas, o meses de inmenso dolor, ahí para nosotros dependiendo de los logros la suma es la siguiente, o mejor dicho nos aplicaron esta mentalidad, (3+7=15) (8+5=21) (12+9=42) usted me dirá esa suma está mal, no y sí, pero entienda este concepto, yo le diría, usted como muchos más le han inculcado que cualquiera que sea su suma el resultado será 10, (mejor dicho el resultado siempre será el mismo)

Edison, Tesla y muchos de aquella época esa fue lo lógica, por eso le dije con anterioridad, nos enseñaron que el mundo que vemos es la realidad y por ello esa realidad es nuestro mundo, pero eso está erróneo, tu formas la realidad y no el mundo te forma a ti, ya aquí puedo platicarte de teorías más que complicadas, como por ejemplo, somos Cuatro entes en un mismo individuo, La Mente, El Cuerpo, El Alma y Tu como ser Consiente, forma el mundo que quieras desde el pensamiento, tal como tú quieres lograrlo o vivirlo, prepárate y edúcate, abre tu pensamiento a nuevos horizontes, todo lo bueno que aprendas te está llevando a un nuevo mundo, el universo siempre está actuando, desde el inicio de este mundo y hasta que todo deje de existir estará ahí

Ahora nota algo curioso, el universo te da sin pensar que es bueno o malo, da a todos en la misma medida que en que lo pidan (de locura cierto) sea la persona buena o mala le dará lo que quiere, ¿y porque eso es así? No quiero indagar en ese tema o mejor dicho, omitiré aquella respuesta que bien se cuál es, así que piénsalo, si el universo da a todos incluyendo a las personas malas ¿Por qué no te daría a ti una vida plena de felicidad? Solo te ha faltado manifestarlo y pedirlo, creer en ti y en tus cualidades, en tu conocimiento y en tu buena voluntad

Por ello la biblia dice el sol sale para todos, sean estos buenos o malos, de echo como le decía, el universo le da lo que usted pida, lo que sea, es aquí donde comprendo que se lo concede, de echo le rebelare un pequeño secreto, cuando alguien sale de su cuerpo y hace viajes astrales y según la energía con que salga es lo que encontrara, fue ahí donde lo comprendí, esos viajes son en cualquier nivel, ya sea que salga en alma, en mente o con su cuerpo según su energía es lo que encuentra, por ello la frase de Dios lo hace y ellos se encuentran

¿Por qué si alguien está enfocado en malas situaciones vive más de lo mismo? Por su baja energía, por ello el video de ley de atracción dice que vivamos felices y todo estará ahí para que nosotros solamente lo tomemos y le puedo decir que es real, pero entenderlo por nosotros mismos es algo difícil más no imposible…

Ya para terminar agregare los detalles finales, tuve que dar cuatro pasos anteriores para llegar aquí, y fue así que un día de octubre del 2021 que empezaba a estudiar Pnl, pero no en cualquier escuela, fue directamente con la persona que es el máximo exponente en este tema en Latinoamérica, Edmundo Velasco, él por 17 años fue socio comercial directamente con uno de los co-creadores de la Pnl, y desde entonces dos veces por mes tenemos reuniones grupales para saber cómo ayudarles a las personas a sanar, recuperar su economía, quitarse ideas limitantes o lograr todo aquello que nos hemos propuesto, se lo describiré con una tabla donde estoy

Virginia Satir----Fritz Perls----Milton H. Erikson
Richard Bandler----John Grinder (co-creadores de la Pnl)
Anthony Robbins----Edmundo Velasco (alumnos de John)
Yo (alumno de Edmundo Velasco)

Si se da cuenta ¿qué posibilidades había que un simple costurero terminara siendo alumno de segunda generación de los que hicieron y crearon la Pnl? (aquí hay un debate sobre si la Pnl es real o no) para mi si es real y todas sus técnicas funcionan ya que las he aplicado en mi, ya que fue gracias a estar en este lugar que hoy estoy vivo y los que conocí con lo mismo no, he dejado un trabajo que dure más de 20 años y siendo honesto pensé jamás sería posible (esto ya se lo relate antes) aquí está narrada la vida de una persona que naciendo de una madre de escasos recursos, teniendo un padre alcohólico y mujeriego, sin estudiar más allá de la secundaria (por cierto en unos meses más tendré mi título de bachiller para enfocarme en una licenciatura) lograra pasos tan grandes y que aún no terminan ya que esto es parte de un plan mayor

Aquí he narrado como fue que di aquellos pasos, uno a uno sin detenerme, y si una persona sin probabilidades de éxito lo está logrando sé que personas con cierto éxito lo lograran,

¿Cómo?

Dando **5 Pasos Para La Felicidad...**

9 798223 705567